宋庆龄与她的生活侍从

汤雄 著

群众出版社

目　　录

序

当我采访、撰写的长篇报告文学《宋庆龄与她的三个女佣》一书于2003年由东方出版社出版并再版，在海内外广大读者中获得好评的时候，我就忽发灵感：能否将所有曾在这位二十世纪最伟大的女性身边工作过的人们如卫士长、秘书、管家、厨师、司机、花匠等全部用文学的形式反映出来，然后通过他（她）们的回忆与追思，用大量琐碎、细微、真实的生活轶事与逸闻，还原一个血肉俱全、情感丰沛的宋庆龄的形象？

纵观所有记述宋庆龄的史书，几乎都是记载她一生为中国革命奋斗的工作经历，极少有反映她生活方面的内容。

这一灵感的闪现，使我既亢奋又犹豫。我知道：这是一项浩大的工程，除了需要耗费我大量的时间与精力，以对历史、对后人也对自己极端负责的一丝不苟的工作态度精心采访与撰写外，更需要我以只争朝夕的精神，与时间赛跑！因为我清楚：仍健在的所有曾在宋庆龄身边工作过的人们已屈指可数，而且大都是八旬开外的老人了！

我是一个业余作者，时间于我特别苛刻。但为了抢在时间的前面，准确地挖掘出这些极其珍贵的文化史料，及时地抢救下这批极可能随时湮没于岁月长河中的革命历史遗产，我豁出去了。

值得欣慰的是，经过整整五年的拼搏，我的目标基本实现了：第二部长篇报告文学《宋庆龄与她的卫士长》于 2004 年 1 月由群众出版社出版；第三部《宋庆龄与她的秘书们》于 2009 年 1 月由群众出版社出版；第四部《宋庆龄与她的生活侍从》，也于今天同广大亲爱的读者们见面了！

在这部《宋庆龄与她的生活侍从》中，我以在宋庆龄身边工作了 26 年的原上海寓所的管理人员周和康、在宋庆龄身边工作了 15 年的北京寓所管理人员安茂成为主线，较全面地记叙了曾在宋庆龄身边工作过的上海、北京两地的厨师、花匠、司机等人当时的工作与生活情况，披露了一些鲜为人知的事件；全面地反映了周和康、安茂成等管理人员无私服从党的委派、忠诚于革命事业的可歌可泣的工作态度与敬业精神。

这四本一套系列作品的完成，使我如释重负，喜悦无比，因为这套作品不但还原了一个血肉俱丰、情义双全的生活中的宋庆龄的形象，还使我体会到了人生的真正意义，让我有机会展现自己的人生价值。

为此，我除了要感谢所有接受、支持、配合我采访、撰写、出版这套作品的人们与单位外，更要感谢我所敬爱的宋庆龄奶奶。

宋庆龄奶奶，您将永远是我人生道路上的一盏明灯！

1. 委以重任

张苏平的脸上露出了满意的笑容，同时也流露出了一丝依依不舍的神情：平心而论，他是实在舍不得把周和康从自己身边放走的。但是，为了选送优秀的管理人才到宋庆龄身边，他不得不百里挑一，把周和康选送出去！要知道，为寻觅合适的管理人员，宋庆龄副主席已两次亲自向组织上提出了要求。

1956 年是宋庆龄工作非常忙碌的一年，仅从 1 月初到 4 月中旬，她就接连出访了印度、缅甸与巴基斯坦三个国家；参加了祝贺中苏友好同盟互助条约签订六周年、前往波兰驻中国大使馆吊唁波兰统一工人党中央委员会第一书记波莱斯瓦夫·贝鲁特逝世等十多项外事活动；还在寓所接见了前来拜访的周恩来总理，会见了印尼共产党总书记艾地。这对时年 63 岁的宋庆龄来说，其疲惫劳累的程度可想而知。

就在宋庆龄副主席为国事忙碌的同时，担任中苏友好大厦保卫处纠察科小队长的周和康，接到了上海市人民委员会副秘书长张苏平的通知，请他尽快前去张的办公室，有要事相商。

周和康，一个浓眉大眼、英姿勃发、中等身材的小伙子。

1925年农历10月15日出生于浙江省鄞县（现宁波市鄞州区）钟公庙镇傅家堤周家村的一个职员家庭；10岁时，其父逝世，顶梁柱倒塌，全家即刻陷入了贫困窘迫之境。周和康共有兄弟姐妹四个，最大的阿姐14岁，最小的阿妹与阿弟才分别为5岁与2岁。在舅舅的资助下，母亲硬撑着把周和康抚养到14岁，就再也无能为力了。年仅14岁的周和康只得从他就读的宁波市四眼石契初级中学肄业，在亲戚的帮助下，只身来到上海，进入位于上海建国中路326号的一家南货店当学徒。学徒期满后，当了名“跑街”（即如今的推销员），专为南货店推销瓜子、小吃等炒货食品。

1946年3月，机敏能干的周和康被上海四川中路70号一家美国人开的万国转运公司经理看中，进公司当了名外勤理货员，专事报关、运输与仓储。

1954年10月，这家外商企业歇业，周和康协助公司完成清理工作后，来到黄浦区运报行业委员会工作，时任组员。只干了三个月，他那忠诚踏实的工作作风、勤快熟练的业务能力，就引起了黄浦区运报行业委员会党组织的注意。1955年1月至1956年2月，他被组织上任命为中苏友好大厦保卫处纠察科小队长。

就在这时，周和康的人生又进入了一个崭新的阶段：1955年5月26日，他光荣地加入了中国共产党。

长话短说，且说周和康接令后火速赶到了中苏友好大厦，此时，张苏平副秘书长已在办公室等他了。

上海市机关事务管理局是上海市人民委员会的重要部门。作

为周和康的直接领导，已与周和康共事了一年多的他对周的为人与简历自是十分清楚：周和康有着多年外资单位工作的经验，懂英文，还会英文打字；更重要的是，周和康是一名中国共产党党员，是一个不可多得的人才！所以，不等周和康坐定，他就笑着说道："小周，经组织研究，决定派你去一个十分重要的新岗位工作。"

"请副秘书长指示就是。"

"派你去宋庆龄副主席身边，担任管理员的工作。"

"这……"周和康万没料到组织上会派他去声名显赫的宋庆龄副主席身边工作，突然、激动、犹豫蓦然交织在一起，不由一时愣怔在那里。

"小周，怎么样？有什么想法吗？"

自从入党那一天，周和康就决定把自己的一切献给党了，所以现在再听张苏平这么问，他当即激动地站了起来，英俊的脸庞上清晰地写着忠厚与果断："我坚决服从党组织的安排！"

"那好，明天，你就可以凭着组织开具的介绍信，去淮海中路1843号的宋庆龄寓所报到了。"张苏平的脸上露出了满意的笑容，同时也流露出了一丝依依不舍的神情：平心而论，他是实在舍不得把周和康从自己身边放走的。但是，为了选送优秀的管理人才到宋庆龄身边，他不得不百里挑一，把周和康选送出去！要知道，为寻觅合适的管理人员，宋庆龄副主席已两次亲自向组织上提出了要求。

接受重任后，张副秘书长亲昵地拉着周和康的手，两人同坐在沙发上，把宋庆龄上海寓所管理人员的更替情况向周和康作了介绍。张苏平告诉周和康：如今他要担任的管理员，就是旧社会俗称的“跟班”。解放前，宋庆龄家中就有一个名叫谭明德的专职“跟班”。谭明德是孙中山家中早年的广州籍女佣谭老太太家的儿子，自从1942年春天起到宋庆龄身边担任“跟班”后，宋庆龄外出活动时他大多跟随其左右；1945年抗战胜利后，谭明德跟随宋庆龄从重庆来到上海，住在桃江路46号；解放后，谭明德因患肺病，不得不离开宋庆龄，被调往上海市政府大礼堂任服务员。谭明德因病去世后，他的女儿谭园因无人照管，过继给谭老太太于1927年介绍到宋庆龄身边工作的女佣李燕娥当女儿，从此谭园易姓为李园。此为后话。

谭明德调离后，宋庆龄又请原任孙中山副官的陆天麟为“跟班”。在新时代，“跟班”一称显然不合适，所以，陆天麟到宋家后，上上下下仍称他“老管家”或“陆副官”。遗憾的是，陆天麟做了没几年，也患上了肺结核。于是，陆天麟回家治病，由他的弟弟陆志辉前来顶替。

但是，陆志辉不是共产党员，而且不适合在一个国家副主席的身边从事如此重要的工作。经考虑，宋庆龄决定请党组织委派一位更为合适的人来寓所配合李燕娥，全面负责家中内务管理的工作。

就这样，周和康成为了组织上最为理想的人选。

2. 纪律严明

尽管自己的家就近在咫尺，周和康仍坚守着严明的纪律，未经批准，决不轻易擅自回家。然而，一周回家休息一天的铁的纪律，却锁不住他思念妻儿的心。他常常长夜难眠，推窗眺望家的方向，遥寄自己对妻儿的思念。

在离1956年5月1日国际劳动节还差几天的这一天，周和康怀揣着组织上的介绍信，前往淮海中路1843号的宋庆龄寓所报到了。1948年秋天，宋庆龄从上海市桃江路46号迁居到这里。

报到当天，周和康进得寓所，第一个接待他的是李燕娥大姐。

尽管那时的李燕娥不像晚年那样，但周和康一听她那夹杂着浓重广东口音的上海方言，就马上猜出她就是那位忠心耿耿跟随了宋庆龄三十年的李燕娥大姐。她个子不高、体形健壮、短发齐耳、朴实无华，那天，她穿着一身宽大的衣服，手里拿着一串叮当作响的钥匙，健步如飞，咚咚有声。

接过介绍信，李燕娥让周和康在客厅小坐片刻，便一个人上楼去禀报宋庆龄了。不一会儿，李燕娥下得楼来，笑眯眯地把家里人员的组成情况、周和康的主要工作及需要注意的事项，一一向他作了一遍介绍与叮嘱。

家中共有司机刘春生、厨师老 Y、绿化工王宝兴、文字秘书黎沛华、警卫秘书隋学芳、警卫员张建俊与程瑞庭、女佣李燕娥与钟兴宝。连宋庆龄一起正好 10 个人。

家中除黎沛华每天只在上午上班、下午在家休息外，其他工作人员每周末放假一天回家休息，其余六天一律住在寓所里。

李燕娥住在主楼上，睡在紧邻宋庆龄卧室的隔壁房间里；钟兴宝住在辅楼的楼下；其他工作人员包括警卫人员全部住在西边那幢辅楼里。

未经宋庆龄特许，除因修理水、电、煤、卫必须上主楼的以外，任何男子不得上主楼。

周和康被安排住在辅楼靠西楼上的那个房间，与隋学芳为邻。

楼下则分别住着绿化工王宝兴、厨师老 Y 与司机刘春生。

刘春生是从上海市政府车队调到宋庆龄上海寓所的专职司机，他和王宝兴一样，都是 1956 年调到宋庆龄上海寓所工作的。后因工作需要，王宝兴于 1972 年调到上海东湖宾馆工作，由卫四弟接替。1979 年，卫四弟因工作调动，由沈根林接替，沈一直工作到宋庆龄逝世后才退休。

听了李大姐有关家中工作人员的情况介绍，周和康倒没感到什么，但当他听到自己即将担任寓所全体人员的衣、食、住、行的管理员时，他那颗刚平静下来的心，就又忐忑不安起来，肩膀上好似压上了一副沉甸甸的千斤重担。

"周同志，你的信件登记簿上的字，应写正楷，不要潦草，因为这本簿子每月都要送给夫人亲自看的。家里用的账簿，也是如此。每张发票，你要重新写一张，把品名、金额核算清楚后，贴在原来的发票上面。这样可以让夫人看起来省力，做到一目了然。还有，你每天早晨到四川中路上的上海食品公司特种食品供应站购买小菜，所有东西都要挑选新鲜的，质量好的。买回来后，就直接交给厨师老Y验收。凡是一切外边买进来的食品，你要绝对负责；食品拿到手后，你就不能离手，要一手抓到底，亲自交给我，绝对不能交给别人转手。因为这些食品，都是直接给夫人吃的，责任重大啊！出了事情，你我可担当不起的。所以，你要提高警惕，谨慎小心，保证食品的清洁卫生，千万不可疏忽大意！客厅里古董橱的钥匙，今天我就交给你保管，不要乱放。这些古董瓷器，其中有一套是夫人的新西兰友人路易·艾黎送的，你每月都要揩一次，用软布轻擦细拭，经常保持清洁，不能沾有灰尘。这些都是很贵重的古董，你要小心轻放，千万不能碰坏。对楼下每个厅室的清洁卫生工作，你要仔细认真检查，镜框、门框、护墙板的上面，都要用自己的手去摸一下，看看是否有灰尘；对不清洁的地方，你要及时清理。夫人是十分重视清洁卫生工作的，检查起来要求高，很严格。你千万不要马马虎虎、疏忽大意……"

听着李燕娥夹杂着广东口音的上海话，面对着她有条不紊的叮咛，周和康那颗悬着的心愈发不安了，倒并不是怕累怕苦怕繁琐，而是担心自己万一在工作上有个闪失，惹事闯祸了，到时候怎么向组织交代，向宋庆龄副主席交代？

还有更严明的——

或许是长期革命斗争生涯的磨难，又或许是年纪大了，晚年的宋庆龄神经非常脆弱。这在宋庆龄1973年4月30日那封致廖梦醒的信中可以得到佐证：

“我的神经不好，我现在不能忍受任何突如其来的大声的声音。如果听到什么声音，我会像一只受惊的猫那样跳起来！我的脊椎骨都会颤抖起来，就像冰水浇在我的背上一样。”（引自《宋庆龄书信集·续编》第459页）

所以，在宋庆龄的上海寓所里，放着四只铜铃。一只较大的放在主楼卧室靠近门旁的一架收音机上面，那是宋庆龄招呼李燕娥与钟兴宝时用的，只要听到铜铃声，她俩便会应声而来，听候宋庆龄的指示；第二只放在主楼楼下电话间红木茶几的上端，是宋庆龄在楼下有事招呼李姐和钟兴宝用的；第三只是一只最小的铜铃，就放在楼下工作人员吃饭间的窗台上，这是专为工作人员准备的：如有国内信件、报刊、文件送到，需要及时送呈宋庆龄阅示的，就由工作人员通过摇晃这只小铜铃，召唤李燕娥或钟兴宝火速下楼领取，以免误事。还有一只大铜钟，挂在楼下工作人员餐厅北首的转角处（即现在接待前往故居瞻仰的参观者换鞋的那间）；这只大铜钟是用木架子吊起来的，钟上串有一根绳子，轻轻一拉，就会发出“当当”的洪亮的声音。这只大铜钟同样是用来传达信号的：敲一下是喊警卫秘书，敲两下是喊管理员周和康，敲三下是通知全体工作人员用餐。通常情况下，只有李燕娥有权力敲响这只大铜钟。每当她敲响这只大铜钟时，大家便知道李大姐又有要事找人布置工作或传达宋庆龄的指示了。

有时，宋庆龄在主楼卧室里时，就不一定使用摇铃的方式，而是采用独特的拍手方式：拍一下手是召唤李燕娥，拍两下是召唤钟兴宝。

面对寓所中严明的纪律与家规，说实话，当时周和康心中确实非常忐忑不安。

别看李燕娥平时大大咧咧，其实她是个善解人意而又细心善良的好大姐。她很快从周和康的神情举止中知道了他心中的顾虑。于是，她笑嘻嘻地向周和康这位小阿弟讲述了一位早年在宋庆龄身边工作过的通讯员的故事。

1937 年 12 月 23 日，宋庆龄携李燕娥离开上海，来到香港，组建了以争取国际对中国抗战援助为宗旨的“保卫中国同盟”。当时，在“保卫中国同盟”担任通讯员兼勤杂工的是一个名叫潘标的广东小伙子。

潘标个子不高，很机灵敏捷，他除了对香港非常熟悉外，还十分勤快。他刚到宋庆龄身边工作时，同样也很拘束与紧张。对此，他也有过一段回忆：

“保卫中国同盟常常萦绕着愉快的气氛，好像是置身于温暖的家……每个运动前后都要做很多的工作，要给支援‘保盟’的友好人士传递文件。这工作很轻松，因途中坐在车上可以有空余时间。但是我携带在身上的公文包很重要，我得非常谨慎，因此又不敢轻松。

“在 1938 年至 1940 年，我每月的工资连伙食在内是港币 8 大元。1940 年初夏，有一天中午我到了孙夫人家。孙夫人问我每顿吃几碗饭。我答：‘五碗。有时还要吃一汤碗糠粥。’一边的李妈做出很惊奇的样子说：‘你这个小子！’我又随口说：‘有时剩下一两碗饭，我喘口气，伸伸脖子，也吃掉。’孙夫人听了，抿着嘴巴笑个不停。她说：‘好吧，那以后我加你一倍工资，我叫廖小姐以后每月支给你工资16元。’从那以后，我收到的工资单据便是港币16大元了。那时我称孙夫人为太太，最初称她的秘书廖梦醒为‘六小姐’，这是为了避免敌伪汉奸的注意，后来才改称为‘廖小姐’。有一次，廖小姐迟了几天发工资，我就去问她。她说：‘阿标，你怎么那么快就把钱用完了？’我说：‘这很难说的，因为热天在街上走，要喝汽水呀。’廖小姐惊讶地说：‘得了，我们都舍不得喝汽水呀。’那时，汽水是高级饮料，打工仔是没有可能每天喝一两瓶汽水的，难怪廖小姐听了会吃惊。”

事后，阿标才从给宋庆龄做饭的女工那里得知，宋庆龄每顿的菜金也就是2角！

在香港，宋庆龄一早就到办公室，每天为“保盟”的工作忙个不停。对工作人员，从未发过火，总是那么文雅温和。

一个星期天，天下着蒙蒙细雨，潘标把自己姑姐靠洗衣服挣钱过日子的湿衣服挂满了办公室，他以为宋庆龄今天不会来上班了。没想到衣服才挂好，门铃就响了，原来，宋庆龄还是来上班了。潘标以为大事不好，正搔头摸耳地等待批评时，岂料宋庆龄就像什么也没看见似的，只朝潘标微微一笑，说了声“阿标，早”，便一弯腰，低头穿过湿衣服，坐到了自己的办公桌前开始工作了。

深为感动的潘标，从此渐渐地打消了萦绕在心头的拘束与紧

2005 年 4 月 7 日，原宋庆龄的通讯员潘标（中）与中福会李云(左二)、好友顾锦心（左一）、戴爱莲（右一）合影于香港当年保卫中国同盟办公旧址前

张，工作的劲头更大了。

曾有一天，他根据宋庆龄、廖梦醒的吩咐，把当天应发的邮件发出去，光从西摩道到中环邮局一天跑了24个来回。

宋庆龄她们从心底里喜欢他，都亲切地叫他“阿标”。

一天，宋庆龄笑着把一包饼递给潘标，用生硬的广东话风趣地对他说道：“畀（即广东话‘给’的意思）你老婆嘅饼。”顿时，年仅20岁、还没成家的阿标羞了个满脸通红。原来这是一包香港特产“老婆饼”，这种饼香甜可口、甜而不腻、松软薄脆，以元朗出产的最为驰名。见阿标一脸尴尬样，宋庆龄马上用温和的广东话笑着说道：“罗番去食啦（即广东话‘拿回去吃吧’），好好食嘅！”

宋庆龄不但在生活上关心着年轻人，还在平时的做人与学习上予以关心。一天中午，宋庆龄叫潘标去买一个玻璃瓶。潘标就从商店里买了一个晶莹美丽的瓶子回去。心想，这回孙夫人一定会称赞我阿标会买东西。没想到潘标把瓶子带到办事处，被廖梦醒看见了，当她赫然发现玻璃瓶上英文字母是“JAPAN”时，她惊叫了起来：“阿标，快点拿去退了吧，否则太太看见要生气的。”说完，廖梦醒随即和潘标一起步行到摩罗街出售那玻璃瓶的铺子，换了一个粗劣的玻璃瓶。

潘标闲暇时喜欢看看小说和报纸。有一次，他正在看一份小报，正好廖梦醒走来，他知道廖梦醒不喜欢他看那种无聊的小报，就慌忙用一份《大公报》覆盖住小报。但已迟了，廖梦醒全都看见了。她没正面批评潘标，而是笑着提醒潘标说：“这份《大公报》就是夫人订给我们看的呀！”

在香港，宋庆龄几乎从来没有星期天，但却常常想到让别人多休息。一天见到阿标，宋庆龄拿出两张戏票，亲切地说道："这是预先订好的，请你和李妈（即李燕娥）去看大戏（粤剧），今天给你们放假，平时太辛苦了。"

宋庆龄还经常鼓励阿标好好读书学习，并且语重心长地说道："阿标，我是把你们当作儿女看的，中国的将来靠你们年轻人呀！"

李燕娥给周和康讲述的这些她亲历的有关宋庆龄平易近人的往事，使周和康悬着的那颗心平稳了不少。

夜深人静，年仅 30 岁的周和康，对妻儿的思念像钱塘江的潮水一样，时起时伏。

周和康结婚早，妻子是同乡人，名叫李秀菊。他俩从小青梅竹马，听从媒妁之言，双双在 22 岁时就结婚成家了。周和康到宋庆龄寓所工作时，他俩膝下已有了二男一女三个孩子，大的 5 岁，最小的才 1 岁。他家住在南市区尚文路 138 弄。后来为便于工作与生活，才在市机关事务管理局的照顾下，举家搬迁到宋庆龄寓所附近的淮海中路 1754 弄 61 号。

尽管自己的家就近在咫尺，周和康仍坚守着严明的纪律，未经批准，决不轻易擅自回家。然而，一周回家休息一天的铁的纪律，却锁不住他思念妻儿的心。他常常彻夜难眠，推窗眺望家的方向，遥寄自己对妻儿的思念。

试想，这该要何等坚定的纪律性与坚强的意志才能做得到！

1956年5月1日前的那几天，宋庆龄在整整一个月忙于外事国务活动后因劳累而在家休息，没有下楼，一日三餐均由李燕娥或钟兴宝端上去。所以，周和康刚到的这几天里，没有见到他仰慕已久的宋庆龄副主席。直到5月1日，宋庆龄设宴招待亲友和身边的工作人员时，他才第一次直接见到她。

那天，当周和康怀着崇敬的心情跨进餐厅时，内心仍十分拘束与紧张。当时，他常在画报与影片上见到的宋庆龄已端坐在座位上了，见到周和康踏进餐厅，她竟从座位上站了起来，脸上荡漾着微笑，亲切而又热情地用一口带着浦东口音的上海话，主动向周和康招呼道："周同志，侬来啦，请坐。"

"首长，您好！"

步入晚年的宋庆龄美丽端庄，气质不凡，虽说已年逾六旬，身体开始发胖，但脸色仍白皙泛红，透着光泽；丰满的面庞上，只在两眼的眼角边有几条浅显的鱼尾纹。这天，她穿一身墨绿色的旗袍，脚下穿一双黑色的高跟鞋，仪态万方、典雅高贵，让周和康不敢抬头正视她一眼。

宋庆龄莞尔一笑，一边示意周和康坐下，一边和他拉起了家常："听口音，周同志侬是宁波人？"她的平凡朴实与平易近人，顿时把周和康心中的拘谨与紧张扫去了不少。

"是的，首长。"

"哦哟，宁波汤团我最欢喜吃了，特别是黑芝麻猪油馅的。"

"嘻嘻。"

"侬有几个小囡了？"

……

热情的话语，真挚的感情，使周和康再次感到无比的亲切，内心的紧张与不安，顿时消失了一半。他真没想到大名鼎鼎、功勋卓越的大首长竟是这样的平易近人，慈祥可亲。

宋庆龄寓所前是墨绿色的大门，银灰色的围墙，四周绿树成荫；三面环绕着40余株高大挺拔、郁郁葱葱的香樟树。它们枝干笔直，树叶婆娑，一片翠绿；黄昏时分，淡幽幽的清香，四溢宜人。更使宋庆龄心仪的是，在万物凋零的冬季，香樟树仍青绿如常，生机勃勃；而且它除了拥有芬芳的香味，象征着主人坚韧不拔、高贵典雅的品质外，还能驱虫防腐，治疗皮肤疾病。在宋庆龄身患荨麻疹发作的期间，她会让人掘来几段深埋在地下的香樟树根，劈开为片，用水烧成汤，掺和在洗澡水中，她认为这是治疗荨麻疹的秘方，因为它确有消炎止痒的特效。所以，宋庆龄十分偏爱香樟树，总是任凭它自由自在地生长，轻易不允许绿化工修剪枝叶。

后来，据李燕娥透露，宋庆龄年幼时就喜爱香樟树。早在陕西北路369号她父母寓所的花园里，有一株香樟树，就是宋庆龄在某一年春天作为自己的生日纪念物亲手栽下的。后来这树已经长得有碗口粗了，不用再浇水了，但她仍习惯常常去照料它，为它浇浇水、松松土。

淮海中路1843号是个花园式大院，院中有主、辅两幢两层的楼房，均是坐北朝南、冬暖夏凉的好住宅。楼前是一大片草坪，绿草茵茵、赏心悦目；中间两旁放有四只花鼓型彩釉圆凳，既可落座休息，又起装点作用。每当风和日丽的日子，女主人便

在繁忙的工作之余，悠悠漫步来到这里闲庭赏花，在瓷凳上休息片刻；或缓缓徜徉在软绵绵的大草坪上，活动手脚，舒展筋骨。

屋前，种有几棵桂花树，夏不畏暑，冬不畏寒，繁叶满枝，郁郁葱葱。每年中秋前后，花蕊重重，香飘四方。还有一排爬藤蔷薇，攀登直上二楼阳台，枝叶茂盛；春秋季节，在幽幽的花香中随处可见鲜红的、鹅黄的、粉红的蔷薇花，真是繁花似锦，连绵一片，惹人喜爱。朝南的大阳台上，摆着几盆朱德委员长赠送的兰花，绿叶似箭，花香扑鼻。在通向大阳台的落地门窗前，也摆着几盆白兰花和茉莉花。每当洁白清香的花朵含苞待放时，宋庆龄就走向阳台，自己动手折下几朵，用手帕包好，放在自己胸前的口袋里。芳香四溢，心旷神怡，象征着女主人的秀外慧中、典雅朴素的性格。

在上海寓所里，还有李燕娥常年为宋庆龄布置的各种四季鲜花和盆景。宋庆龄平时喜爱的插瓶花有玫瑰花、香水月季、菖兰、康乃馨、阿丽斯、菊花、象牙红、水仙、腊梅、天竹、银柳等。每当家里接待中外重要来宾时，宋庆龄总是事先作好周密的布置，亲自巡视，调整插花与盆花的布置，有时还拿起剪刀，亲自修剪一番。

周和康至今仍记得，在1956年10月接见印度尼西亚总统苏加诺的前一天，宋庆龄在客厅里，对李燕娥与周和康说："插花是一门很有讲究的艺术。在厅室里，插上一束绚丽多彩的鲜花，可以起到画龙点睛、满室生辉的作用，给人以美的享受。周同志，你看，李妈插的瓶花，千态百姿，多么有趣呀！你要向她好好学习。"接着又说，"插花要和季节相结合，在元旦，要插上象牙红、腊梅和水仙，给人以艳红、青翠迎新年的喜庆祥瑞的气氛；在春节，要插上腊梅、天竹和银柳，这是传统中国式的插花，给人以吉祥如意、凝重幸福的感觉。要使鲜花开得鲜艳、饱满而又持久，花瓶里的用水很讲究，早晨在花瓶里加水、换水，可使花朵在较长时间里不会枯败；盆花要在临夜时搬到室外，放在阳台上，让它吃些露水，才能长期保养好。”

宋庆龄的一番话，充分显示了她对养花、护花、插花的渊博知识。

百花丛中，宋庆龄最喜爱梅花，可谓与梅花结下了不解之缘。光从她每年寄给国内外亲友的贺年片上来看就知道了。她专用的就是一幅天蓝色的梅花图，那是周和康根据她的意愿，从中华书局印刷厂选来制版印成的。宋庆龄生前每年寄给毛泽东、周恩来、刘少奇和朱德的贺年片，用的都是这一张梅花图。这也许是因为梅花喜欢漫天雪，在寒冬腊月照样吐蕊开花，正体现了蕴藏在宋庆龄心底的那种斗志昂扬、不屈不挠的精神的缘故吧？

就连宋庆龄在上海寓所的办公室内一张偌大的办公桌后的上面，也正中挂着一幅梅花图，它是友人用以祝贺她华诞的礼品，画面上那株傲霜斗雪、卓尔不群的梅花，象征着她主人坚强不屈的性格，显示出她对中国革命、对孙中山先生和中国人民的忠诚、坚贞和信念。

寓所后面有前后两个较大的花圃，里面种着宋庆龄喜爱的香水月季花，是从上海市郊漕河镇一个专种此花的徐姓小弟处移植来的，颜色有红、黄、紫和粉红的。每天早晨，绿化工王宝兴总会剪来各色香水月季花，交给李燕娥，然后再由李燕娥分别插在

楼下客厅和楼上卧室里。

每当人们站在屋前的大草坪上，不难看出这幢主楼像是一艘帆船。不错，这确是当年设计者的创意：每扇窗户，都设计成了舷窗式；木制的墨绿色的百页窗，上面更是雕刻着一艘艘乘风破浪的帆船图案。

在二楼卧室，有素色的藤木结构的双人床，柚木大衣橱、五屉橱、梳妆台，这四件家具是宋庆龄父母从广东老家给她定做的嫁妆；室内的单人沙发、茶几、八音钟，则是孙中山先生生前用过的遗物。在卧室正中挂着宋庆龄与孙中山先生于1915年10月在日本东京结婚的合影。

在二楼的办公室内，靠近壁炉的正中置放着一架“斯特劳斯”钢琴，根据她的嘱咐，每逢阴雨天气，需要在钢琴的背后插上一只100瓦的电灯泡，利用它发出的光与热，起到防潮去湿的作用。每当宋庆龄在上海的时候，遇到星期日上午，工作人员便会从不同方向听到楼上传来的叮叮当当、美妙悠扬的琴声。宋庆龄除了弹奏她最爱听的贝多芬的《英雄交响曲》，有时还弹奏肖邦的小调叙事曲和舒伯特降B大调奏鸣曲以及《黄河大合唱》等乐曲。

在主楼的客厅里，铺着红色的梅花地毯。作者在采访中问周和康师傅：“上海寓所主楼客厅里的梅花地毯是毛主席送的吗?”

周师傅答：“是毛主席送的。”

“什么时候送的?”

周师傅笑着摇摇头：“据李燕娥告知，梅花地毯是解放后毛主席送的，但具体的日期没有讲过。我为此问过钟兴宝，据兴宝

回忆，说她于1953年来此工作时，地毯就已铺在客厅里了。具体时间她也不清楚。”

但关于毛泽东主席于1961年5月11日下午专程前来上海寓所访问宋庆龄，周和康师傅却记忆犹新，因为那时他已来寓所工作五年了。那天，宋庆龄在客厅里接待了毛主席，并一起在壁炉前的孙中山照片前合影留念。毛主席坐在东侧大沙发上与宋庆龄谈话，一个小时后离去。宋庆龄一直送到主楼大门口告别。

上海寓所的主楼里，还有一块名为“百鸟朝凤”的玉摆件，那是解放后林伯渠来拜访宋庆龄时赠送的。这块玉摆件中的凤凰，是指宋庆龄，寓意着宋庆龄是百鸟之首的凤凰。

在主楼的客厅里，还摆放着一套组合音响。那是1958年6月20日庆祝中国福利会成立20周年之际，上海市委、市人民委员会赠送的，共计七件。其中有放在卧室茶几上的一架收音机，上海试制成功的第一只手表等物。宋庆龄收到礼物后，于当天就指示周和康代为执笔，复信上海市委、市人委，表示她的感谢。

这时的周和康，已获得了宋庆龄的一定信任，所以周和康根据宋庆龄的口述写好复信，交给她亲自审阅，再由她在信末签上名字后，当即封好信口送出。

这套在当时被人们视为珍贵家电的音响，根据宋庆龄的指示摆放在客厅里。紧邻客厅的西书房里，放置着一张单人床。宋庆龄在中午休息时或等候华东医院保健医生和按摩医生的过程中，就躺在这张单人床上休息，一边静静地欣赏着美妙的音乐，一边等候医生前来。

宋庆龄在上海寓所的办公室里看书

每当这时，客厅里的周和康就根据宋庆龄的临场指挥与平时的喜爱，操作音响，播放诸如《蓝色安琪儿》、《你的眼睛告诉我》、《今夜梦中相会》、《漫漫乡间路，蜿蜒向前行》和《可怜的蝴蝶》等唱片。前后约一个小时，一直等到医生到来才停止播放唱片。

按摩医生小蒋是女性，她年纪轻、手劲大、十分有力，还擀得一手又薄又好的馄饨皮子，包得一手好馄饨。为此，她受到了宋庆龄的格外喜爱，有时还请她到寓所里来一起包馄饨、吃馄饨呢！

曾有游客对宋庆龄把那台英文打字机摆放在盥洗室里、却不摆放在办公室里不理解，而熟悉上海寓所格局的周和康师傅自是了如指掌。他告诉作者说："把打字机摆放在盥洗室里，主要是为了使用方便，因为它接连着卧室和办公室。平时宋庆龄撰写文章、写信、打字的稿件，都放在办公桌子上，跨进办公室就能拿到所需要的东西，既快捷又方便实用。"

宋庆龄藏书甚多，楼上起居室门外的走廊里并排放着两个书橱，楼下还有东、西两个大书房，里面都分上下两格整整齐齐地摆满了书。在这众多的书籍中，政治、经济、历史、哲学、文学等各个学科的经典著作都有。其中以英文为主，中文次之。宋庆龄在办公的时候，十分方便，随时可以把书拿来阅读；但要用楼下的书就费劲了，必须上下楼地去书橱里翻寻。为此，宋庆龄一般是把她所需要看的书的名字摘录在纸条上，请李燕娥下楼转交给周和康，然后由周和康负责到大书橱中去查找，找到之后，再

交给李燕娥，由她把书籍拿到楼上去交给宋庆龄。

博览中外群书，手不释卷，是宋庆龄人生中的一大乐趣。

楼下客厅的廊檐下，有个狭长的面积达12平方米的大阳台，一溜排放着藤椅、藤摇椅、藤茶几、藤圆台、铁结构的四方台和木制的花架等，几盆绿色花草、盆景点缀其间，其中格外引人注目的是那几盆兰花，它们是朱德委员长送给宋庆龄的礼品，因此被放在大阳台的正中间。在大阳台的东首客厅门口，放有两盆高大的白兰花，每当含苞绽放、花香扑鼻的早晨，用毕早餐后的宋庆龄常会下楼来到这棵树旁，采两朵白兰花，放在上衣口袋里，再闻闻白兰花发出的沁人肺腑的芳香，别有一番情趣。每天午餐后，只要是晴天，宋庆龄还会在李燕娥的陪同下，到大阳台上散散步，晒晒太阳。

宋庆龄喜欢养鸽子，这是众所周知的事。鸽子是她的宠物，她在上海寓所及后来迁居的北京寓所里，都饲养了许多的鸽子。这些小精灵长着红红的眼睛、尖尖的嘴，棕色的翅膀、细细的腿，或白毛或灰毛，在鸽笼里熙熙攘攘地嬉闹着。它们啄麦粒、吃豌豆，饮清水、拍翅膀，不时发出咕咕的欢叫声，有时展翅飞上蓝天，有时又忽然降落了下来。宋庆龄每次散步到鸽棚前时，总要饶有兴致地驻足留步，抓起一小把豌豆或绿豆，摊放在掌心中，等待鸽子们前来争抢与啄食。每次从北京回上海，或是外出回家，一进门，她也总要先来到鸽棚前，看望那些活泼可爱的鸽子们。宋庆龄喜爱这些小精灵，除了喜欢它们的单纯与可爱外，

还因为它们象征着和平，象征着似她那般纯洁无瑕的心。

此外，宋庆龄也喜欢其它小动物。如饲养小猫咪也是她的乐趣。在上海孙中山故居的卧室里，朝西正中的墙上，就挂有一幅亲友送给她的小猫刺绣珍品。那只小猫绣得十分逼真：猫的两只眼睛，栩栩如生，活灵活现，你无论从哪一个角度去看，它的两只眼睛始终是对着你看的。这就是名闻中外的乱针绣。宋庆龄生前十分喜欢这幅绣品，特地把它挂在故居的卧室里。每当她前往孙中山故居整理文物或视察工作时，总要走上楼，进入卧室，端详一下她所喜爱的这幅“猫”图。

在上海寓所里，她饲养过四只真正的猫。第一只名叫“彼德根”，是黑白相间、毛色油亮的中国花猫。猫爱清洁，从不随地大小便，总是在小扶梯旁边主人指定的地点方便。“彼德根”性情温顺，善解人意：宋庆龄走到哪里，它就跟到哪里，而且一边柔声地叫唤着，一边甩尾巴；宋庆龄办公时，它就一声不响，一动也不动地蜷伏在主人的脚边；主人在起居室的沙发上休息时，它也卧在沙发旁，闭着眼睛，陪伴着主人入梦；主人在餐厅用膳时，它就抢先一步坐在餐桌下，用前爪抹嘴洗脸，等待着主人给它美食，然后津津有味地吃个不停。午餐后，只要是晴朗气爽的好天气，宋庆龄总要到大阳台上散步，“彼德根”就来回地追逐着主人；当主人静坐在藤椅上休息晒太阳时，它也懒洋洋地卧在地上晒太阳，时而睁开眼睛瞅瞅主人，时而活蹦乱跳，不断翻身嬉耍；高兴时，它纵身一跳，跃入主人的怀抱撒娇……令人称奇的是，到后来，每当宋庆龄外出归来，只要汽车开到大门口，一按三声喇叭，“彼德根”就会连蹦带跳地从楼上窜下来，等候在

大扶梯旁，“喵呜、喵呜”地轻轻叫唤着，欢迎着主人的归来，然后不住地摇头摆尾，跳跃着跟随主人上楼。

令人惋惜的是，“彼德根”由于逐年衰老，不幸死亡。根据宋庆龄的意见，周和康和李燕娥把它深埋在了庭院东侧的竹林中。

还有一对波斯猫，宋庆龄分别为它们取名为“珍妮”和“汤米”。它们分别长着一身洁白蜷曲的长毛，生着一双碧绿似翡翠般的大眼睛，从外表看，确实好看迷人。但是它们不争气，经常随处大小便，弄得家里臭哄哄的。按照宋庆龄的吩咐，周和康把它们物归原主，退还给了西郊公园。

最后一只猫，是黄色虎狸斑的，长得娇小伶珑、活泼可爱，是从外面逃进家里来的不速之客。宋庆龄依据它的来历，为它取名为“来宾”。可惜“来宾”野性不改，经常要到外面去，直到饥饿时才回家。1979 年冬天，“来宾”在又一次出走后，就再也没有回来。从此，宋庆龄再也没有在上海寓所里饲养过猫。

上海寓所里曾饲养过鸡、鸭、广东的狮头鹅与亲友送来的火鸡。这些家禽大都在饲养了一两个月后，或送给亲友，或成了寓所餐桌上的美味。

在周和康没担任宋庆龄上海寓所管理员之前，寓所所用的菜与大米都是厨师老 Y 采购的。

不管春夏秋冬，每天早晨，周和康总是 5 时起床，5 时 30 分骑着自行车出门，前往四川中路的上海食品公司特种食品供应站采购寓所一天所需的菜与大米；购买回来后，就直接交给厨师老

Y，由他验收合格后收入冰箱里。

时光匆匆，光阴似箭。一转眼，已是国家遭遇三年自然灾害的 1961 年了。这时，周和康怎么也不会想到，他每天采购回来的食物，不管是荤的还是素的，都会发生数量减少的情况。

起先，他还以为是特种食品供应公司的差错，所以回家后特意用秤称了一下，认定半两不差后，才交给厨师老 Y。然而，随着每顿饭菜数量的接连减少，大家都喊吃不饱、没吃好时，他困惑了。周和康弄不清问题出在哪里。

面对大家的猜疑与误解，周和康百思不得其解，只好悄悄地把心中的疑惑告诉了李燕娥。

其实，李大姐也早就对餐桌上骤然减少的饭菜数量起了疑惑，如今听了周和康的汇报，她略加思索后，便与周一起找到厨师老 Y。

老 Y 是广东省顺德县人，与李燕娥是广东老乡，由于乡情这层关系，平时里他俩的话比较多，也比较随便。老 Y 长得瘦瘦的，从 1936 年算起，他在宋家已干了 20 多年，是和李燕娥一起最早在宋家服务的人。

找到老 Y 时，他正在厨房里忙碌。厨房并不大，有一个灶，还有一些可以做西餐的家什。餐厅里的那个饭桌是红木镶边、大理石的广式小圆桌，配有六个小圆凳，可以想见，这张桌子是无法大摆筵席的；一台冰箱虽说容量较大，但式样已很老旧了，装备也不现代化。

“老 Y，问侬个事情。”因为李燕娥与老 Y 都在上海生活了十几年，所以他俩对话习惯了用夹杂着广东话的上海方言。当然，

这也是为了让不懂广东话的周和康在旁边能听个明白。

“什么事?”

“不知怎么搞的，近来家里的饭菜总是少，总是不够吃。侬晓得是什么原因吗?”

“我怎么会知道呢? 买菜的事情，我不是早就不管了吗?”言下之意：这个问题，要问，就得问采购员周和康去。

“肯定是少了嘛，昨天中饭时吃的那两碗猪肝的数量太少了，而周同志买回来的猪肝，有一斤半呢。”李燕娥盯着老Y，不大的双眸里流露出怀疑的神色。

老Y被李燕娥犀利的目光盯得十分不自在，他一边手中忙碌着，一边随口回答道：“这有什么大惊小怪的，猪肝放进冰箱里一冰冻，本来就是会缩水的嘛!”

“会缩水的? 难道蔬菜也会缩水吗?”

老Y被李燕娥紧追不放的问话惹急了，顿时发起了脾气，嗓门也大了，凶巴巴地冲着李燕娥嚷道：“都问我，都问我，什么都问我，难道你就不问问负责采购的人吗?”

这样的谈话无法继续下去了，无奈，周和康只好暗中拉了拉李燕娥的衣角，回去了。

李燕娥回到主楼后，依然想不通，老Y那双明显与以往不同的躲闪目光，始终在她眼前晃来晃去。她决意抓住老Y刚才随口说的“猪肝放在冰箱里一冻，本来要缩水”这句话的破绽，非把此事弄个水落石出不行!

然而，不弄清楚也罢，这一弄清楚，一场突如其来的横祸，顷刻间降临到了李燕娥的头上。

3. 李姐之谜

半个多世纪以来，有关宋庆龄何以称比自己小了十几岁的李燕娥为李姐，始终是一个谜，就连不少史书资料上，也以讹传讹，众说纷纭。现在，通过周和康老人富有权威的亲笔回忆，这个很可能永远成为历史之谜的原因，终于可以大白于天下了。

宋庆龄一向喜欢烹饪，在她楼上的书房里，收藏着不少有关烹饪的书籍。她不但喜欢阅读此类书籍，有时还喜欢亲自下厨掌勺，当李燕娥向周和康提出需要另外购买一些副食品时，周和康就知道宋庆龄明天又要亲自下厨做菜了。果不出所料，那天上午11时以后，宋庆龄就在李燕娥的陪同下，下楼来到厨房，亲自烹饪菜肴。

宋庆龄经常烹饪的两道菜，也是她的拿手菜：一道是牛肉、香葱烧豆腐；一道是红菜头、洋葱、青椒、茄子、蕃茄等炒成的蔬菜什景盆。菜肴做成后，她除了自己享用一小部分外，大部分则亲自分给大家品尝，有时还要派人给沈粹缜送去一小碗。不说奉承话，宋庆龄亲手烹饪的这两道拿手菜肴，确实色、香、味、形俱全，谁尝了都会赞不绝口。就连专职厨师老Y，也不得不佩

服。其他不擅下厨的工作人员，那种惊奇、折服和幸福感就更不用说了。

有关宋庆龄喜爱厨艺烹饪的事例，从《宋庆龄年谱》下册第1331页中可得到佐证：

> 1月13日（1954年），复函王安娜谓："感谢你的来信。新年放假期间，我从楼梯上滑下来，扭伤了左半身，还摔裂了一根骨头。""我的血压一直就很高，这一下就更高了。""当疼痛有些减轻，我的情绪好些以后，我会告诉你的。是的，我非常喜欢红菜头。我们要一起在厨房再比试一下手艺。"

长话短说。且说自从李燕娥对老Y看似专业、实为搪塞的那句假话中发现了蛛丝马迹后，就下定决心，非要弄个水落石出，以维护首长与集体的利益不受任何侵犯。那天，周和康遵从李燕娥的嘱咐，又特意从食品公司买来一斤半猪肝，并直接用纸包好、用绳子扎紧后，再交给老Y，放入冰箱里。然而到了第二天，趁老Y不在场，拿出来一称，乖乖，居然真的少了整整半斤！

这回，李燕娥没像以往那样一触即跳，而是格外冷静。她决定趁热打铁，对老Y做进一步的最后试探，以确定真伪。

这天，周和康遵嘱采购回食品后，仍直接交给了老Y处理。这批食品中，有几条鲳鱼。

第二天上午10时许，趁老Y还没开锅烹饪，李燕娥与周和

康一起来到厨房。李燕娥以总管的身份，当着老 Y 的面，从冰箱里拿出昨天已洗干净、切成段的鲳鱼块，逐一摆放在案板上拼凑。这不拼凑也罢，一拼凑，漏洞就更明显了：任凭李燕娥怎样拼凑，这几条鲳鱼就是拼不拢。

顿时，大家面面相觑，心明如镜。

老 Y 那张瘦巴巴的脸，更是涨得通红，目光都不敢朝面前的两人扫一眼。

事到如今，老 Y 利用工作之便，经常小偷小摸，把寓所的食品拿回家的事实，已是秃子头上的蚤子——明摆着的了。

赤胆忠心的李燕娥当即把这个事情，向警卫秘书隋学芳作了汇报。

隋学芳听后，除了向宋庆龄汇报外，还当即找到老 Y，对他进行了严厉的批评教育。

面对铁的事实，老 Y 不得不低下了头。但从此他对李燕娥的仇恨，也深深地埋在了心底。他恨李燕娥全然不顾同乡情谊，也全然不顾他们之间二十多年的同事情，无情地揭露了他小偷小摸的行为，从而使自己在全体工作人员与宋庆龄的面前抬不起头；当然，他更恨的是李燕娥从此阻挡了他把食品偷回家，切断了家中的妻儿老小能够借此摆脱饥饿的途径。

老 Y 暴露马脚后，李燕娥加强了对他的监督，每天一有空就往厨房跑，直到亲眼看着老 Y 把整个烹饪蒸煮的过程全部完成、饭菜端进餐厅后，才离开。她唯恐老 Y 贼心不死，故伎重演。

老Y怀恨在心，终于向李燕娥下了毒手，幸被周和康等人制止……

在这里，无需作者饶舌，可以摘录周和康老人晚年（2005年）一段回忆录为证：

“关于‘宋庆龄始终称呼小了自己十几岁的燕娥为李姐’，这是不正确的。根据我亲眼目睹的事实，是从1927年，李燕娥经谭洁怀的母亲谭妈的介绍，来到宋庆龄上海寓所香山路7号当保姆的。一开始，宋庆龄就称呼李燕娥为李妈。这是众所周知的事实。按照当时上海人对保姆的称呼，都是姓氏下面加一个‘妈’，姓李的称李妈，姓朱的称朱妈。一些老上海人对此都是一清二楚的。与宋庆龄关系密切、曾经长期担任中国福利会秘书长的李云，就知道宋庆龄曾称呼李燕娥为李妈。

“然而，宋庆龄改口李妈为李姐的称呼，则是鲜为人知。其中还有一个真实动人、感人肺腑的故事……

“由于抢救及时，李燕娥的生命保住了，但她的头被砍了一条又长又深的刀伤，医生给她缝了十几针；身上也不同程度地被砍伤。

“当时，宋庆龄正在北京开会，对家里发生的事情一概不知。眼看圣诞节快要到了，宋庆龄打电话回家，要李燕娥取寄贺年卡，因为每年的贺年卡都是宋庆龄从自己家里取来分寄国内外亲友的。无奈，我只得把李燕娥从医院接回家中，取出贺年卡后，再把她送回华东医院继续治疗休养。

“但是，纸总包不住火的。原来，宋庆龄与李燕娥之间有条不成文的规定，即宋庆龄一周一封信来，李燕娥一周一封信去，

互通信息。多少年来，双方从未间断过。这次不对了，宋庆龄多日没有接到李燕娥的亲笔签名信（由于李燕娥识字不多，凡是写信等文字工作，都是我到寓所后代笔的，她只是在信后以签上自己的名字为证），这使首长感到十分不安，冥冥中，她总感到家中出了什么事。后经再三询问警卫秘书隋学芳，隋秘书才不得不将情况如实向宋庆龄作了汇报。

“首长知悉李燕娥头部受伤住院，心急如焚，立即于1962年1月11日从北京乘飞机赶回上海。当宋庆龄步入家门，一眼看见站在大楼梯口迎接首长回来的、头上还绑着白纱布的李燕娥，当即上前紧紧拉着李燕娥的手，用动情的目光久久凝视着李燕娥受伤的头部，她一边用手轻轻地抚摸着伤处，一边心疼得流下了眼泪。宋庆龄激动地表示：‘为了我，你受苦了。我在夜里梦见你满头是血，吓得我一夜难眠，这像是梦，亦真亦假，今天才算弄清楚了。’然后，两人手挽着手，一起步上二楼。

“当天中午，李燕娥把首长的一封亲笔信交给我，信中说，‘周同志，今天本来想下来和你谈谈家里的事，但因神经痛得厉害，只好写在信上讲几句。首先，我要对你表示我衷心的感谢。你自己亦受了伤，这次如果你不这样做，或许李同志的命就没有了。这里其他同志也很负责，有勇敢的表现，值得表扬。李同志的身体很虚弱，虽出了医院，但需要休息，精神上受了这样大的刺激，必须放弃一切，好好休养。因此我请你暂时接替李同志平时的工作。匆匆，并致敬礼。1962年1—11日’。

“接着，宋庆龄又在1月18日上午10时，在客厅接见我时

对我说：‘老Y这个人劳动改造是改造不好的，如果给他放出来是要害人的。现在处理定案否？为什么还不处理？我早已告诉过有关部门，一定要依法处理。据说张同志开了一枪，是吗？他们（指警卫处王济普处长和警卫秘书隋学芳）都骗我，说什么李同志在医院住了八天就出院了，一切都好，这是王处长打电话来的。有些别有用心的人，还要造谣冤枉诬蔑李同志，说她要他（老Y）同居，这真是胡说八道！老实说，前几天，我在夜里梦见李同志的头被刀砍了，满身是血。所以我就立即决定回家来了。我知道你也没有办法，他们不许你写信告诉我。其实这样大的事情，是应该及时向我报告的。今后我可以放心了，有你在家里，否则叫我下次怎么好放心去北京呢……’”

其实，有关别有用心的人造谣诬蔑李燕娥，说她是因为老Y不肯与她同居而怀恨在心，故意整治老Y的，当时周和康也并非没有听说到，但他根本不相信！老Y平时生活作风轻浮、不太检点，他见李燕娥终身未嫁，就暗地里动她的歪脑筋，想占李燕娥的便宜。周和康曾亲眼目睹过这样一幕：

一天上午10时许，李燕娥正在厨房里烹饪，老Y自以为四周无人，竟从后面悄悄走过去，嬉皮笑脸地对李燕娥动手动脚。李燕娥当即勃然大怒，舀起锅子里一勺滚烫的菜油，泼向了老Y，幸亏老Y躲闪得快，才没受到皮肉之伤。从此，吓得老Y再也不敢对李燕娥耍流氓了。

对于李燕娥的为人，宋庆龄更是了如指掌，当她事后听到警卫秘书隋学芳向她汇报说，老Y在接受法院审判时贬损李燕娥，

说她是因为不能达到与老Y同居的目的而恼羞成怒，处处对他寻衅滋事、打击报复时，她当即不假思索地付诸轻蔑一笑道：“简直是胡说八道!”

没多久，上海市中级人民法院以老Y犯有故意杀人罪作出了判决。至于是判无期徒刑还是有期徒刑多少年，周和康老人已记不得了。

李燕娥被砍伤的事件发生后，宋庆龄才开始对李燕娥改称李妈为李姐，并和李燕娥一起用餐。周和康的回忆录中有以下记述：

“往常，首长总是在楼下餐厅用膳，有时遇到国事繁忙或身体不适时，就改在楼上兼作小餐室的办公室里用膳。小餐室里的中间，有一张小方桌，桌旁经常放着两把靠背椅，一把朝南，一把朝西。一天，首长把朝南的一把椅子推开后，笑容可掬地对站在一边的李燕娥说道：‘李姐，这边坐吧，一起来和我吃饭。’李燕娥感动之余，心中还是明白的，她知道这朝南的是主座，几十年来，一向该是首长坐的；而我是为夫人服务的，怎能这样就座呢？所以，她当即怀着不安的心情回答首长说：‘夫人，您是主人，怎么能这样客气，叫我怎么坐得下去？还是请夫人自己坐主座吧。’首长抿着嘴笑道：‘李姐，别这么说，侬跟随我几十年了，工作勤奋，忠心耿耿。长期以来，我们相处得很好，早就像亲姐妹一样了。侬坐、我坐还不是一个样?’

“首长的这番肺腑之言，亲切动人，暖意融融，李燕娥的眼眶顿时湿润了。

“这就是宋庆龄何以改口称比自己小了十几岁的李燕娥为李姐的来龙去脉，是李燕娥后来私下里告诉我的。因为自从我拼死救下她以后，她也更是把我看成了她的亲人，基本上可以说是无话不谈的。”

关于宋庆龄改口称李妈为李姐一事，在宋庆龄 1976 年亲笔写给杨孟东的信中也有提及：

“……我们不再叫她李妈，因为她的地位变了。我叫她李姐，现在作为我的管家和我住在一起。”

半个多世纪以来，有关宋庆龄何以称比自己小了十几岁的李燕娥为李姐，始终是一个谜，就连不少史书资料上，也以讹传讹，众说纷纭。现在，通过周和康老人富有权威的亲笔回忆，这个很可能永远成为历史之谜的原因，终于可以大白于天下了。

可以坦言，随着李燕娥这段舍命维护宋庆龄的插曲，宋庆龄与李燕娥之间的感情，确实又更加深了一层，结成了名副其实的不是姐妹胜似姐妹的亲情。

老 Y 行凶入狱后，上海市机关事务管理局重新向宋庆龄上海寓所调派了一名厨师，他名叫唐江，当时年约 49 岁，在上海新亚饭店任厨师。唐江也是一名政治坚定、作风优良、业务精通的共产党员。唐江来到宋宅后，整整工作了 16 年，于 1978 年退休，1992 年逝世。

从此，管家周和康、绿化工王宝兴、司机刘春生与厨师唐

江，这四位年龄相仿、立场坚定的人，在长期愉快、默契的合作中，结下了深厚的友谊。这是后话。

4. 平易近人

那天，马陆人民公社举办社员座谈会，席间，有社员向她递上一杯茶。宋庆龄接过茶杯，不假思索地欣然饮用了起来。一边的警卫秘书隋学芳见了，为宋庆龄的安全起见，急忙悄悄地撞了撞周和康，提示他赶快为首长换一杯水。在隋学芳的示意下，正为此暗暗着急的周和康，立即取出随身带来的热水瓶，欲上前替她调换一杯水。然而，他的用意，立即遭到宋庆龄的反对，她皱着眉头，暗暗向周和康使了个眼色，阻止了他的举止。

那是李燕娥受伤后没多久的一天，周和康正在楼下小餐厅里埋头记账，没有注意到宋庆龄已走下后面主楼，站在了厨房门口，并亲切地叫了一声“周同志”。

周和康闻声回头一看，正要站起来，却被宋庆龄示意坐了下来。然后，她轻轻走到周和康的身边，悄悄地对他说：“等一歇侬到客厅里来一下，我在等侬，有话要对侬讲。”

就在这天，宋庆龄第一次向周和康透露了李燕娥不平常的身世及她对李燕娥的真挚感情。

当周和康记好账来到客厅时，宋庆龄已端坐在那里等他了。

她示意周和康坐下后，含着眼泪对周和康说道：“周同志，我从来没对侬讲过，李姐是一个没有亲人的孤女，在旧社会里深受迫害，吃尽苦头。伊16岁时来到我身边当保姆，对我忠心耿耿，工作一丝不苟。解放前，在上海孙中山先生故居，国民党、反动派多次以金钱、地位、介绍对象或者威胁的手段，妄图引诱与迫使伊监视我的活动和与共产党的交往，搜集情报向特务机关告密，都被伊严词拒绝。伊不顾个人安危，保护我，支持我的革命活动。1938年，我居住在香港，日本人的飞机来轰炸，飞机在头顶上盘旋，李姐伊不顾自己的安危，立即架好扶梯，帮助我翻越墙头，搀扶我到隔壁邻居的防空洞里避难……”说到这里，宋庆龄的泪水顺着两腮滚滚而下。

宋庆龄用手帕轻轻一揩，接着又神色庄重地吩咐道：“周同志，侬也许还不晓得，李姐最近身体很虚弱，虽然出了医院，但留下了脑震荡的后遗症。伊精神上受到这样大的打击，需要好好休息。所以请侬暂时代为兼管李姐平时的工作，让伊静养休息一段时间吧。好吧？”

周和康听了宋庆龄的这番嘱咐，除感到宋庆龄对自己的高度信任外，还感到肩头的责任更大了，他庄重地点点头，受命接过李燕娥暂时卸下的担子。因为他知道，李燕娥掌管着整个大家庭中所有事务：大到工作人员请假外出，小到鸡毛蒜皮，都有权力过问。李燕娥是家中威信最高、权力最大的总管家。别的不看，就看那串除了晚上就寝才拿下来、白天须臾不离身的满满一串钥匙就知道了。

宋庆龄与李燕娥平起平坐、亲如姐妹的举止与品格，使周和康对宋庆龄超群的修养与崇高的品德更加肃然起敬了。

宋庆龄除了与李燕娥亲同姐妹外，对自己家里的所有工作人员，也都是那么和蔼可亲、平易近人的，简直可以用无微不至来形容。

平时，宋庆龄总要在繁忙的工作之余，抽出一些时间，仔细询问每个工作人员的工作、学习、思想和生活情况，勉励大家努力学习，好好工作，并多次强调“知识就是力量”。所以，每当《毛泽东选集》、《鲁迅全集》、《鲁迅书信集》与《孙中山选集》等著作出版时，她都要分送给全体工作人员人手一册，并用她喜爱的粗笔尖的狮头笔，在扉页上工工整整地题字签名。哪怕有时她外出北京工作时，也会每月定期向大家寄来《人民画报》、《中国妇女》、《中国建设》、《解放军报》等学习资料。其中有些重要的文章，宋庆龄还特意在下面划上一条条红线，作为大家学习的重点和必须读给李燕娥听的资料。

直到如今，周和康老人还珍藏着当年宋庆龄赠送给他的亲笔题名签字的《孙中山选集》与《宋庆龄选集》。比其他工作人员荣幸的是，由于周和康老人懂英语，宋庆龄还专门赠送给他一本英文版的《宋庆龄选集》，扉页上那雄健有力的蓝色亲笔题签，至今仍赫然在目。

宋庆龄不但在学习与工作上关心工作人员，还在生活上对他们予以无微不至的关怀与照顾。

逢年过节，她总要自己掏钱给工作人员添菜加餐，买些毛巾、袜子、手帕、围巾、衬衫等日用品，分送给大家；当她见周和

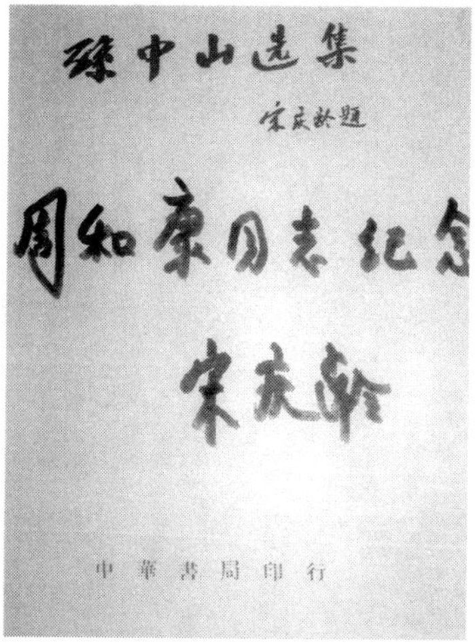

宋庆龄在赠给周和康的《孙中山选集》扉页上的亲笔题签

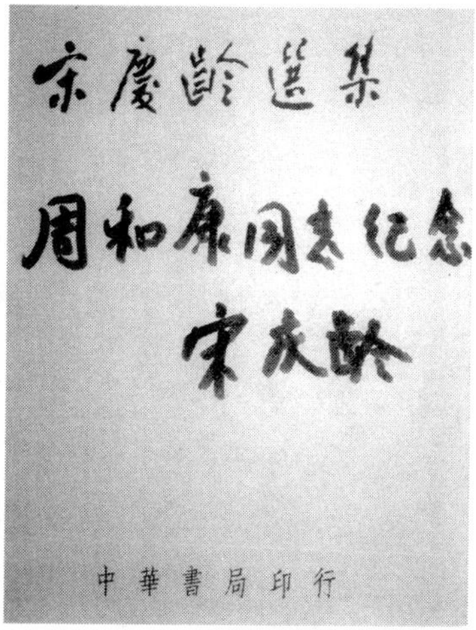

宋庆龄在赠给周和康的《宋庆龄选集》扉页上的亲笔题签

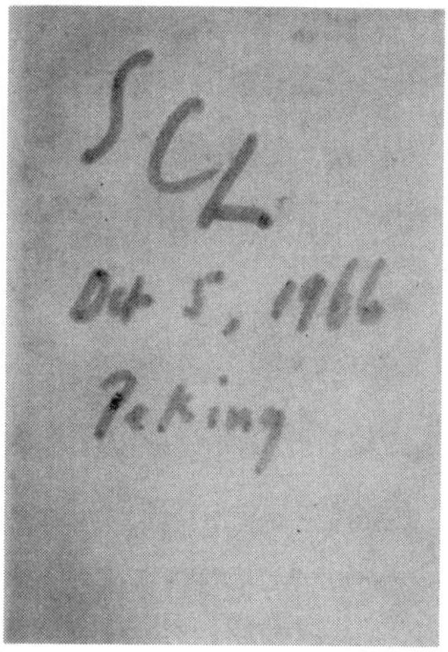

宋庆龄在送给周和康英文版《宋庆龄选集》扉页上的英文题签

康家的孩子增加到五个时，她还要送钱给他的孩子，作为添置衣服、增加营养的费用。有时，甚至连亲友送给她的水果等食品，她也分送给大家品尝。

在宋庆龄北京寓所中的庭园里，每逢时令，葡萄紫了，梨子熟了，苹果红了，石榴咧嘴了，刚开摘，宋庆龄就首先想到了身边的工作人员，布置人们把它们捎回上海；然后由李燕娥按照她的意图，根据各家人口多少与孩子大小的情况，逐一分派给各人带回家去。

黄昏，周和康完成一天的工作后，借着落日的余光，在小餐厅里记录每天的开销账。宋庆龄从楼上下来看见了，就连忙提醒周和康说："周同志，你好。又在记账了？快开电灯，要保护好眼睛……"

清晨，见到厨师唐江在厨房里挑拣蔬菜，宋庆龄总要主动打招呼："唐同志早。你今天中午准备些什么小菜给我吃？"

"回首长的话，今天中午是咸菜烧黄鱼、苦瓜炒肉片、炒菠菜和鸡爪汤。"

宋庆龄听了，总是连声说着"好，好"，带着满意的微笑离去。

汽车司机刘春生是个特别勤奋的人，每天，他总要把汽车擦得一尘不染，锃亮泛光。宋庆龄见到了，就说道："刘同志，你把汽车擦得锃亮，蛮吃力的，休息一下再揩吧。"

绿化工王宝兴也是个身兼两职的工作人员，在孙中山故居与宋庆龄的寓所里，都有一只专门用来喂养鸽子的木制铅皮顶的鸽子棚。寓所内的鸽子棚，就放在汽车间前的小门旁。鸽棚每天的

冲洗打扫，鸽子的喂食放飞等工作，都是由王宝兴兼任的。

盛夏酷暑，每当宋庆龄看到绿化工王宝兴顶着烈日在花园里浇水、挑草，推着偌大的石磨盘压草坪，累得满头大汗时，她总是过意不去，有时还要特意来到王宝兴身边，心疼地提醒道："小王，你将花草养护得很好，花园扫得很清爽了，快去休息一下吧，吃块西瓜解解渴。"

类似的事情，在寓所生活中俯拾皆是：每年夏天，酷暑炎炎，热不可挡。在热浪袭来之前，宋庆龄早已嘱咐管理员购买了几百斤的西瓜，放在家里备用。每天中午，赤日炎炎似火烧，她就令厨师唐江把一只大西瓜切分成 10 块，然后由李燕娥敲大铜钟三响，召集所有工作人员前往小餐厅吃西瓜。整个寓所里，不论是首长、秘书、管理员，还是保姆、驾驶员、厨师、绿化工、警卫员，人手一块，在大汗淋漓中吃上一块沙瓤脆甜的西瓜，一直爽到心里头。那一刻，在周和康看来，真是人生得意与开心的时候了。有时兴起时，宋庆龄还会情不自禁地亲手拿起一块西瓜，当众奖励给绿化工王宝兴。因为王宝兴是室外工作者，每天扫地、浇水、种花、除草，忙得不亦乐乎，衣衫湿透。首长看在眼里，记在心头，一有机会，就要给他些许奖励。

1965 年 7 月 2 日，绿化工王宝兴搬竹扶梯到南面平台浇水时不慎滑倒，导致腰部压缩性骨折。在遵医嘱回家养病的一个星期里，宋庆龄让周和康买些水果和其它食品，专程前往王家探望，这使王宝兴感恩不尽。他因惦记着寓所里那片 220 平方的草坪与百余盆花卉盆景，还没痊愈就急着赶来上班了。后经宋庆龄劝阻，要他务必遵守医嘱，把病治好，他才回家继续休息。

李燕娥大姐步入晚年时，身体发胖，体重增加，她原来睡的一张铁床较高，上床下床不太方便。宋庆龄见了，就吩咐周和康到家具厂去，专门为李燕娥设计定做了一张高矮适宜、上下方便的席梦思床，使李燕娥舒舒服服地睡了十多年。

1980 年 10 月，上海寓所的司机刘春生因病住院。宋庆龄得知这一消息后，特地从北京写信给周和康，嘱咐他购买些水果和两瓶麦乳精，代她送往医院探望刘春生。

至于保姆钟兴宝的儿子尤顺孚在京求学期间，得到宋庆龄生活上的关心与照顾；保姆顾金凤的女儿高秀英在苏州找不到工作，宋庆龄亲笔写信给时任江苏省委书记的韩倍信，让高秀英在上海妇保医院有了一份固定的工作等事例，在作者 2003 年出版的《宋庆龄与她的三个女佣》一书中已有介绍，在此就不再赘述了。

还有，宋庆龄平时对工作人员总是那么和蔼亲切，从不盛气凌人、大声斥责。每次见到工作人员，她总是满面笑容地先和大家打招呼，“同志们好”是她的口头禅。即使谁在工作中有闪失，她也是委婉地予以指出，嘱咐大家应该怎样去做，使之从中得到教益。

周和康刚到寓所工作的那一年，有一次，秘书向周和康提出派人把厨房里的纱窗拆掉，以便通风，将热量排出，降低厨房里的温度。周和康初来乍到，对实际情况不太了解，就带了木工去厨房拆除纱窗。当时，木工敲打纱窗的声音被楼上的宋庆龄听到了，她就走到楼下厨房里，轻声问周和康说：“周同志，谁布置侬拿厨房的纱窗拆下来的?”周和康如实汇报后，她又和蔼地对

他说：“厨房里如果没有了窗纱，苍蝇、蚊子会飞进来，不符合清洁卫生要求。如果厨房里太热的话，我想可以摆上一台电风扇吹吹，降温的。”接着，她又委婉地告诉周和康：“你刚来不了解情况，以后凡是家里房屋设备的装修或变动，希望侬先征得我的同意。”

如梦初醒的周和康听了，连忙一边向宋庆龄说“对不起”，一边请木工重新把纱窗装上。宋庆龄见状，向周和康说了一声“谢谢”后，才面带微笑上楼而去。

事后，李燕娥悄悄地告诉周和康说：“周同志，夫人家里有一条不成文的规定，任何房屋的设备、家具摆设的更动，未经夫人的同意，谁也不能改变。请你以后注意。”

从此以后，在对寓所房屋的几次修缮中，周和康都事先向宋庆龄请示汇报，对重大改动之处，还绘图拍照，送宋庆龄审核同意后，再进行修缮。周和康清晰地记得，在 1956 年 6 至 7 月间，宋庆龄曾几次前往孙中山故居，亲自重新布置了故居里的陈设，把文物陈设和家具摆放的位置进行调整，使故居恢复了原来的风格和形状。此后，宋庆龄还每隔一段时间，嘱咐周和康陪同李燕娥一起前往孙中山故居视察，看一看文物的陈设和家具摆放的位置是否有所移动，并及时予以纠正。

令周和康至今仍记忆犹新、感动不已的是：1970 年 10 月 1 日，正在北京开会的宋庆龄写给他的那封信。在信中，宋庆龄竟然在结尾里写道：

……周同志，五日晨临行时，我很忙，很紧张，并

且晚上没有睡，头晕脑涨，因此没有和你握手，感谢你为我忙碌了多天，请原谅我……

宋庆龄对待自己家里的工作人员是这样，对待早年伴随过孙中山的人或她的战友、朋友与亲戚，也始终是不忘旧情，一往情深。每当他们遇到困难，她总是有求必应，慷慨解囊，及时予以救济。身为家中内管家的周和康，就曾好多次接办过宋庆龄亲自嘱咐的任务。

1963 年 1 月 4 日，一位居住在上海永康路 191 号的波兰人王仕丹写信给宋庆龄，说他“患了肺病和糖尿病，因无钱而没能住进淮海医院治疗”，请求宋庆龄“协助解决”。

接信当天，宋庆龄就连忙下了主楼，召见了周和康。她告诉周和康说：“永康路 191 号里有一位名叫王仕丹的波兰人，解放前，我在上海搞义卖捐款活动时，他曾帮助过我。现在他生病了，躺在床上。吃过中饭，你就去那里实地看一看，到底是真还是假，然后回来告诉我。”

周和康接令后，于当天下午就骑着自行车，来到了永康路 191 号的王家。进门一看，果然，只见家中又破又旧，凌乱不堪；而王仕丹更是衣着破旧，身体衰弱，卧床不起。周和康摸清情况后，当即回家向宋庆龄作了汇报。宋庆龄听了，久久没吱声。

第二天，宋庆龄就叮嘱周和康再次前往王仕丹的家，并送去装有人民币的信封一个。临出门前，宋庆龄还关照周和康在外面买些水果和食品一起捎上。

第三天，受到及时接济的王仕丹就住进了淮海医院。在宋庆

龄的不断关怀下，没多久他的身体基本康复了。根据他的要求，宋庆龄又帮助他办理了出境回国的手续。

1964 年 7 月 29 日，宋庆龄叮嘱周和康汇款 100 元，送给远在广州的冯道生老太太，作为医药费用与安葬费。原来，冯老太太的丈夫韦某，原是上海法国某报馆的主编；1915 年，孙中山先生讨伐袁世凯时来到上海，曾秘密居住在韦某位于八仙桥的家里。韦某夫妇将自己的住房让给了孙中山，自己搬到其他地方去居住。为了纪念孙中山先生，冯老太太当时还保存着孙中山先生睡过的那张床。为此，宋庆龄对冯老太太一直感恩不尽。

“文化大革命”中，宋庆龄的表弟倪吉士被造反派们扣上莫须有的反动罪名，全家扫地出门，从愚园路 750 弄 25 号被赶到延安西路一条小弄堂的一间狭小阴暗的小平房里居住，而且每月只发给他们 15 元的生活费，生活非常艰难。宋庆龄得知后，就多次指示周和康向倪吉士一家暗中送钱、送食物、送衣服，尽力帮助表弟一家度过难关。

在接见前来拜访的宾客或在参加外面的活动时，宋庆龄更是时时注意着自己的一言一行，尽量缩短自己与普通人民群众的距离，不让任何人感到她有半点颐指气使、高人一等的作风。

国际和平医院有位领导同志的一只眼睛在解放战争中被炸伤，经常发炎。宋庆龄知道后，特地派人与北京协和医院联系，通知她去北京治疗。国际和平妇幼保健院院长张佩珠是位妇产科专家，一心一意扑在工作上，平时很少休息，甚至连春节也极少在家里过。在她的领导下，有一年，全院无一例死亡。宋

庆龄得知后，高度赞扬她的成绩。一次，张院长到宋庆龄家里做客，刚要坐下来，宋庆龄便把一块靠垫放在她的腰后。张院长十分感动，事后曾悄悄地对李云说：“宋主席这样爱护干部，如果我不把保健院工作做好，那太对不起宋主席了！”又有一次，宋庆龄把中国福利会的一些领导干部请到家里吃饭（事后，大家才知道这一天是1月27日，是宋庆龄的生日），席间，宋庆龄特地夹了一只鸡腿给平时做事稳重而慢慢腾腾的同志，笑着说道：“吃鸡腿，可以跑得更快些。”这幽默亲切的话语，使在座的人都笑了。

宋庆龄以她一颗真诚的心和深厚的爱，使得在她身边工作过的同志时时感到温暖，得到教益，能够心情舒畅地工作。

周和康至今还记得那年他随同宋庆龄深入基层视察的一幕幕情景。

1958年10月，鉴于当时全国人民大搞土法炼钢，宋庆龄认为炼钢也是炼人，于是建议并鼓励秘书、花匠、厨师、管理员和其他工作人员一起在上海寓所里也砌了座小炼钢炉，进行土法炼钢，并曾在炉前亲自掌钳参加劳动。这帧珍贵的照片，周和康老人放大冲印后，至今仍高高挂在他家卧室的主墙上。

1958年10月17日，宋庆龄在上海市纺织局局长张承宗和沈粹缜等人的陪同下，前往国棉十七厂视察，她深入群众，嘘寒问暖，到了中午就和工人们一起走进食堂共进午餐。10月18日，宋庆龄由市委书记处书记魏文伯陪同前往上海郊区七一人民公社视察，和社员们亲切交谈。当她见到上海第二医学院的女学生正

在那里帮助社员抢收棉花时，愉快地对她们说：“我们一起来个比赛好吗?”说完就弯下身去采摘棉花，动作很熟练。在视察中，宋庆龄特别关心女社员的工作和生活，询问托儿所、幼儿园的情况和公社对怀孕妇女的照顾等。

1960 年 3 月 17、18 日两天，她在曹荻秋、沈粹缜的陪同下，视察了上海闵行工业区和吴淞工业区以及上海电机厂。为掌握更确切、真实的情况，她还深入工人家庭、大队幼儿园、托儿所、妇产院访问。她在吴淞口还视察了海军舰艇，亲切地询问了海军战士的生活、学习情况。在每次视察中，她始终轻车简从、平易近人，深得广大农民、工人、解放军的欢迎与好评，处处体现出身为普通人的一面。

令周和康至今仍记忆犹新的是，他在随同宋庆龄访问张庙一条街的一幕。

那天，马陆人民公社举办社员座谈会，席间，有社员向她递上一杯茶。宋庆龄接过茶杯，不假思索地欣然饮用了起来。一边的警卫秘书隋学芳见了，为宋庆龄的安全起见，急忙悄悄地撞了撞周和康，提示他赶快为首长换一杯水。在隋学芳的示意下，正为此暗暗着急的周和康，立即取出随身带来的热水瓶，欲上前替她调换一杯水。然而，他的用意，立即遭到宋庆龄的反对，她皱着眉头，暗暗向周和康使了个眼色，阻止了他的举止。

事后回到家里，宋庆龄特意把周和康找去，郑重地吩咐道：“周同志，以后不论到哪里，都请你不要再带任何东西。这样做，影响不好，会拉开我与人民群众之间的距离。”

1958年10月，宋庆龄带领工作人员在上海寓所院中“大炼钢铁”。左起：宋庆龄、隋学芳；右起：韩松涛、周和康

也难怪，宋庆龄每次外出，只要家中有李燕娥难以完成的要事，她第一个要重托的总是管理员周和康。有时宋庆龄在北京，还特意致信给周和康，把每项任务的详情与要点一一向周和康交代清楚。例如 1964 年 11 月 6 日晚，宋庆龄出席首都各界人民在中南海怀仁堂举行的庆祝苏联十月革命胜利四十七周年的集会。9 日晚，她在百忙中抽出时间，亲笔回信给周和康，就孙中山故居文物的存放事宜作了答复与指示：

周和康同志：

来信收悉。关于故居（孙中山故居）存放的珍贵文物，为了能够更好地进行保管，可以完全遵照齐燕铭秘书长的建议办理。

关于广州博物馆来信索取照片一事，为了纪念孙中山先生和使该馆充实起见，我考虑可以同意他们的要求，请将照片随函寄出是感。

此致

敬礼

宋庆龄

“文化大革命”中，宋庆龄曾写信给上海寓所的李燕娥与周和康，请他们把自己所钟爱的鸽子分送他人或宰杀掉的情节，在周和康的回忆录中，有如下记述：

在文化大革命初期，1967 年 8 月 25 日，首长居住在北京，她嘱黎沛华来信给李燕娥和我说：“你们致首长函及照片九张，昨晚收到了。兹遵首长嘱复函。这里的红卫兵天天各处去斗争，破四旧，立四新。居民家里有封建或资本主义色彩的东西要丢掉……以后不许养狗养猫等。家里的鸽子是否可能继续保养，因伤粮食之故，请你们研究。如果不能作主，请同沈大姐商量，因首长一时不能回来。”

但过后不久，我又收到首长的亲笔信说：“周同志，请你把家里养的鸽子，拣10只最好的送去给陈丕显同志，另送6只给沈粹缜大姐，其余留下来的，全部杀光。据说养鸽子是资产阶级的生活方式……”我遵照首长的指示，将鸽子分送给陈丕显同志和沈大姐后，实在不忍心将余下的鸽子杀掉，经与李燕娥大姐商量，就决定写信向宋庆龄报告说：“……寓所对面武康大楼上，有几户人家也养有鸽子。每天早晨，我看到有许多鸽子，在楼顶天空中飞来飞去。鸽子是和平的象征，您曾把一对象征和平的白鸽，赠送给印度尼西亚总统苏加诺，他十分高兴地收下了这一珍贵的礼物。鸽子也是通讯的小天使，您外出时，带上几对上海家里的鸽子，在北京放飞，千里迢迢，翱翔蓝天，飞回上海的家里，停在鸽棚上，咕咕叫着，似乎在告诉我们，它们已完成光荣的使命，自由自在地胜利而归了。为此，恳请首长考虑，同意我们把多余的鸽子留下，让它们自由飞翔在蓝天，让它们永远在您的身边啄食……”

果不出所料，首长很快就写了回信，将违心的决定收回，毅然同意把其余的鸽子继续留养在家中，让它们在广阔的蓝天里自由飞翔。

5. 姐弟情深

> 别看李燕娥外表粗犷、大大咧咧、心直口快，实际上也是个幽默风趣的人，她曾半真半假、神秘兮兮地提醒李秀菊说：“这里的所有事体可都不能在外面乱说的，乱说了，那可是要……”说到这里，她故意住嘴不往下说，而是抬起右手掌，放到脖子前，做了一个杀头的手势。听得李秀菊忍俊不禁地笑了起来。

细心的读者不难发现，在周和康没到宋庆龄身边工作之前，李燕娥是很少与宋庆龄通信的，除了她不能识文断字的原因外，还与没有她所信任的、能够为她执笔的人有着重要的关系。在多年的共同合作、亲密配合中，她与周和康建立了深厚的姐弟之情，成为了无话不谈的挚友。尤其是在周和康冒着生命危险，从老Y的菜刀下救下李燕娥之后。

每年的清明节前夕，宋庆龄总要写信给李燕娥，嘱咐周和康陪同李燕娥一起到虹桥路的万国公墓（现改为宋庆龄陵园）宋庆龄父母的安息处扫墓。他俩每次前去时，都要带上六盆黄澄澄的瓜叶菊，摆放在坟墓的上首，以寄托宋庆龄对她父母的怀念与哀思之情。就这样年复一年，从没间断过。

1970年的清明节前，周和康又和往年一样陪同李燕娥前往万国公墓扫墓。在墓地上，李燕娥忽然笑着问周和康："周同志，侬阿晓得我百年之后，安葬在哪里？"

周和康闻言一愣，误以为李燕娥在和他开玩笑，所以也笑着回答道："李同志，侬又要开玩笑了，侬不是说要活到九十九吗？今天谈此事，恐怕为时还早吧？"

李燕娥听了，笑着摇摇头，指了指面前的坟墓不无自豪地说道："远在天边，近在眼前。喏，就在这里脚底下，葬在夫人父母的身旁。夫人早已给我安排好了，她在左边，我在右边，我俩生死永远不分离。周同志，侬看我的福气多好呀！"过了一会儿，李燕娥又接着说道："我衷心希望夫人长命百岁，如果夫人百年之后，淮海中路家里的房屋，我不便住下去的话，夫人已经对我说过，决定把我安排到陕西北路369号（宋庆龄父母的住宅，宋庆龄青少年时代曾住过）去住，住在二楼朝南的一大间内。这一间最好，阳光充足，煤气、卫生设备都独用，可好啦！到时候，周同志侬可要经常来看我，帮我买些东西……"

周和康第一次听到李燕娥向他透露如此重大的私人机密，震惊之余，更多的却是感动，他感激李燕娥对自己的信任与亲密，感谢李燕娥把他视为知己。

每次收到宋庆龄那用粗粗的狮头笔亲笔书写着"李燕娥收"或"周和康收"字样的信件，李燕娥总会欣喜地像个孩子似的，拿着信大声叫嚷着："周同志，首长来信了，你快上来呀，读给我听听！"

每当这时，周和康也怀着和李燕娥一样欣喜的心情，把宋庆龄的来信一字一句读给她听，对李燕娥不太理解的词句，他还要解释与翻译。李燕娥在听完宋庆龄的来信后，就急着请周和康代她执笔给宋庆龄写回信，及时地向宋庆龄汇报家中的情况，汇报宋庆龄想知道的事情。与向李燕娥朗读宋庆龄的来信一样，周和康每次为李燕娥代笔后，仍要一字一句地念上一遍，直到李燕娥满意了，看着她在信后签上她唯一会写的名字后，才送去邮寄。

当然，宋庆龄在上海寓所的时候，按纪律，李燕娥是不能叫周和康上楼的。

宋庆龄与李燕娥之间有个默契，即宋庆龄长时间在外工作时，她俩之间每周要通上一封信，互通双方的信息与上海家中的近况。如果偶尔宋庆龄的信在一星期后还没寄到，李燕娥便会不时地到传达室去询问，迫不及待地盼望着宋庆龄的信件的到来。这种心急急、情切切、望眼欲穿的心情，表达了李燕娥对宋庆龄的真挚感情。同样，宋庆龄如多日不见李燕娥的复信时，也是殷殷思念不已，有时她在晚上还会亲自打长途电话到上海家中，向李燕娥嘘寒问暖。

宋庆龄也当然知道李燕娥与周和康之间亲如姐弟的关系，也知道只有周和康才是李燕娥最信任的人，能够帮助她念信与写信，成为她与李燕娥之间的鸿雁。所以，她给李燕娥的信也就随之增多了起来。这可以从 1979 年 12 月 18 日宋庆龄写给李燕娥的亲笔短信为佐证：

李姐：

你和周同志送来的贺年片以及青菜、酒蟹等都收到了，多谢！近日我特别忙，没有时间写信，但希望你们都身体健康工作愉快。

永洁送给你 Vaseline 头油及别的东西，以后托人带给你。她知道杨孟东送给你的头发油太油，因此她去找到不油的送给你。这个孩子十分好，待人也好。

今天林国才要回来了。永清上星期六已经请了她厂里的许多人来玩，吃 Buffet，但今天是她的正式生日。匆匆。

祝你们都好！

宋庆龄

宋庆龄竟然在给连汉字也不识几个的李燕娥的信中用上了英语，这是因为她知道周和康懂英语，能够帮助她翻译。

宋庆龄与李燕娥之间不是姐妹胜似姐妹的亲情，周和康更是了如指掌。宋庆龄在北京工作时，也惦记着远在上海的李燕娥，而且牢牢记着李燕娥的生日，曾指示周和康为李燕娥的生日购置礼物：

周同志：

你好！现在要托你办一件事，旧历十月十日为李燕娥同志的生日。她在我处服务了快四十年了。我应该对她忠心耿耿的工作有些表示。请你在九日那天，代买一只熟的大油母鸡及八斤苹果、二斤香蕉送给她（连同这张贺卡）。多谢你！

宋庆龄

到后来，宋庆龄干脆把本当分别寄给周和康与李燕娥两个人的信，合并在一起写了：

李姐

周同志：

听到你们及家内的同志被评为‘先进集体’十分高兴。向你们表示热烈祝贺！这是春节的大喜事！

现在托李局长（李家炽，时任上海市委行政处处长、上海市人民政府机关事务管理局副局长——笔者注）带来二包糖、一个高桥松糕，分给你们春节时吃。另外一包火腿及广东腊肠是送给李姐的。

如有电话，请通知江苏路的高丽娜（即高醇芳——笔者注）女士，请她到北京后打个电话给秘书张珏同志，以便派车接她来寓。谢谢！

她刚从法国来，不熟悉找这里的地方。匆匆。

祝同志们身体健康，春节愉快！

宋庆龄

一九八〇年二月八日

据统计，宋庆龄曾先后亲笔写给周和康70多封信。在宋庆

龄逝世后，周和康将这些信作为珍贵的遗物，交给上海孙中山故居纪念馆与研究会，作为永久的史料珍藏。

红花还需绿叶扶。周和康与李燕娥之间的姐弟友情得以进一步深化，中间还有一位始终默默无闻地作着贡献的无名英雄，那就是周和康的爱人李秀菊。

那是李燕娥治疗头部刀伤的时候，李秀菊第一次随着丈夫来到淮海中路 1843 号，来到李燕娥身边，然后根据医嘱，每天不厌其烦地为李燕娥洗头、梳发，帮助李燕娥洗涤脏衣裤，更换洁净的衣裤。在街道绣花组的绣花活计完不成了，她就拿到家里做，利用晚上的时间加班加点来完成。历时几个月，她与丈夫一起夫唱妇随、善良忠诚的服务，使李燕娥深为感动。就这样，两个朴实无华的妇女相识了，从此结下了深厚的姐妹情。

别看李燕娥外表粗犷、大大咧咧、心直口快，实际上也是个幽默风趣的人，她曾半真半假、神秘兮兮地提醒李秀菊说："这里的所有事体可都不能在外面乱说的，乱说了，那可是要……"说到这里，她故意住嘴不往下说，而是抬起右手掌，放到脖子前，做了一个杀头的手势。听得李秀菊忍俊不禁地笑了起来。

其实，有关周和康和李秀菊在宋庆龄身边工作的事情，别说与周和康一家住一条里弄的左邻右舍不知道，就连他们所有的亲朋好友都不清楚，这可是周和康来到宋庆龄上海寓所工作的第一天，李燕娥就把它作为第一条纪律，向他交代明白的。李秀菊怎么会不知道呢？

李燕娥身体健康，面色红润，走起路来，大步流星。一般情

况下，她总是清晨即起，在庭园里来回散步锻炼。她的胃口也很好，每餐基本上要吃一大碗饭，平时很少到医院去看病。

1979年4月初，李燕娥感到浑身莫名不适，周和康陪她去上海华东医院检查，再到妇产科进行检查与化验，初步确诊她患的是子宫颈腺癌。医师胡充平悄悄地把李燕娥病情告诉周和康，并打算把她转入上海肿瘤医院治疗：先做镭射照光，然后手术切除。

这可不是一件小事呀！周和康立即打电话向北京的宋庆龄汇报，得到了宋庆龄的明确回答：

“周同志，侬要镇静些，无论如何不能告诉李姐患的是癌症，只说得了妇女病就可以了。过几天，我会派人来接李姐到北京来治病的。侬要做好准备工作，协助她整理好行李，好言劝慰李姐勿要性急。谢谢侬了，谢谢！”

过了三天，宋庆龄派了工作人员陆森林，专程前往上海接李燕娥。

4月17日上午，李燕娥含泪告别了周和康，随同陆森林启程，一起乘坐飞机前往北京，住在后海北沿宋庆龄北京寓所。不久，李燕娥就住进了301医院。根据宋庆龄的指示，301医院借调了上海华东医院李燕娥的病历卡，邀请北京肿瘤医院、协和医院和北京医院的专家共同会诊，商讨治疗方案。专家们一致认为，还是开刀动手术较为理想。经宋庆龄同意，6月1日，李燕娥被推进了301医院的手术室，由北京医院的吴院长亲自主刀做手术。

从早晨7时进手术室，直到中午12时出来，整个手术做得

2002年7月16日，周和康在自己家中

2003年8月28日，周和康与老伴李秀菊合影于北京北海

很成功。

6月6日，周和康就接到了宋庆龄6月2日的亲笔来信，信中说："周同志，昨天李同志在301医院，已经动了手术，两位大夫对我讲，开刀后证明李同志患的是子宫膜癌，做得还算早，没有扩散，我们就放心了。"

李燕娥在北京经过手术和药物治疗，病情日趋好转，胃口很好，一天要吃一只鸡。根据宋庆龄的指示，警卫秘书杜述周每天都到医院去看望李燕娥，带去她喜欢吃的菜肴与水果，使李燕娥十分高兴。住院一个多月后，李燕娥的身体基本恢复，于8月初出院，回到后海宋庆龄北京寓所继续休养。在那里，她和宋庆龄整天生活在一起，谈笑风生，漫步在庭园里，观赏盆景花草，心情十分愉快。她唯一的希望就是早日回到上海居住。

农历十月初十，是李燕娥的68岁生日，宋庆龄特地在北京为李燕娥庆贺生日，设家宴。宋庆龄备了一只奶油大蛋糕，北京家中的所有工作人员欢聚在一起，共同祝愿李燕娥生日快乐，幸福长寿，乐得李燕娥开怀大笑。

年底将近的时候，李燕娥实在不适宜北京干燥的气候，吃不惯北方的食品，再三请求回上海。宋庆龄满足了她的要求，于12月4日，在陆森林的陪同下，一起返回上海继续休养。

在这期间，周和康按照宋庆龄的嘱咐，坚决不在李燕娥面前提起她患了癌症几个字，而且做到她想吃什么，就满足她的要求，希望她能够早日康复。对此，上海寓所中的工作人员也都格外体谅李燕娥，热情地关心、帮助她的生活，使她的心情十分开朗。每天早晨起来，她仍然在庭园里来回散步；白天坐在大阳台

上的藤椅上，晒晒太阳；一日三餐也和以前一样很正常。

但是，李燕娥毕竟是身患重病并动过手术的人，她的日常生活已不能自理，尤其是晚上擦身、洗脚等只有妇女才能帮助的活。她领养的那个女儿，不孝顺，一个人住在外面，连上海寓所也不常来。于是，周和康又找来了爱人李秀菊帮忙。

李秀菊每个星期去一次上海寓所，一如既往地帮助李燕娥洗衣、沐浴、剃头，再次感动了李燕娥。一天，李燕娥忽然不无伤感地拉着李秀菊的手问道："秀菊妹子，以后我老了，侬还会像现在这样来帮助我吗?"

面对李燕娥的忧愁，李秀菊想也没想就答道："会的，我会的。"然后也不无幽默地补充道，"谁让我们是姐妹呢？谁又让我们是同姓呢？有道是一笔写不出两个李字嘛!"几句话，就逗得李燕娥开怀大笑起来。

宋庆龄喜欢吃糯米食品，而李秀菊恰恰又做得一手又甜又糯、富有家乡特色的宁波汤团，为此，她常趁宋庆龄在上海的时候或春节期间，特意在家制作一批黑芝麻猪油馅的宁波汤团送去给宋庆龄品尝，也送给工作人员品尝。上海民间有风俗：逢年过节吃汤团，以图个全家团团圆圆的口彩。所以，家中的工作人员对李秀菊送去的宁波汤团也特别爱吃。宋庆龄对李秀菊做的宁波汤团更是情有独钟，常在品尝之余赞不绝口，同时也反映了宋庆龄对李秀菊的高度信任。

1980 年 3 月，李燕娥去华东医院进行体格例行检查，在做 B 超时，发现她的腹部有个肿块。胡允平医生立即感觉不妙，断定这是病情的突变，于是要周和康立即向宋庆龄汇报。

宋庆龄听了周和康的汇报后，好一会儿没吭声，最后她才在电话线那端重重叹了口气，指示道："周同志，那就只好把李姐再次接到北京来看病了。过几天，我就派人来上海接她。谢谢侬了。"

3月27日上午，李燕娥与宋庆龄专门派来接她的陆森林一起，再次乘上了飞往北京的飞机，并很快住进了北京医院。4月21日，李燕娥在北京医院作了第二次开刀手术。腹部一打开，主刀医生就又下令缝合，结束了手术。因为他们已确诊癌症广泛性转移，到了晚期，无法切除了，只能做病理性切片检验。李燕娥的病情出现了凶险的预兆。

经过北京医院的精心治疗，李燕娥术后的伤口很快愈合了。杜述周秘书每天去医院看望她，带去她所喜爱吃的饭菜与水果。李燕娥十分不安，几次托杜述周向宋庆龄提出请求，表示自己天天想念着夫人，离不开夫人，在医院也住不惯，要求回到后海宋庆龄身边。

宋庆龄同意了李燕娥的要求，由杜述周办理了出院手续，把李燕娥接回后海寓所居住。同时，还特意为李燕娥请了两个保姆，日夜服侍她。并不断设法从国外进口治疗癌症的名贵针药给李燕娥注射，想尽办法延长她的生命。

在1980年10月8日到31日的这段日子里，上海寓所中的管家周和康连续接到宋庆龄的亲笔信，述及李燕娥在北京治病的情况与她的病情发展情况、生活情况：

周同志，李姐住在这里休息及打针，她现在打的

> 针，价格都是很贵的，但能延长生命。她很想回到上海家里来……
>
> 这里的天气又冷了，李姐总是想回家，她的健康情况更不好，日夜痛得叫起来，别人听了很难过。但是无法使她安静下来，这种病是最痛苦了，国外患上了这种病，总要医生打针让她死。但我是舍不得给她打这种针，总希望出现奇迹……
>
> 李姐的健康，一天坏一天，鱼、肉、菜、水果都吃不进了。她很想回家，她说上海的青菜好吃，这里是北方，味道不好吃，吃不下去。她晚上要起床四、五次，当然不能睡觉。这里的两个保姆日夜轮流陪着她，怕出事。她的苦闷，我没有办法解决，虽然我很同情她……

1981 年 1 月 18 日，宋庆龄又写信给周和康告知说："周同志，李姐的健康突然不好了，现在全身肿，也不能走一步路，我十分难过，医生都束手无策了……"

从宋庆龄上述连续不断的来信中，周和康知道李燕娥的病情正在不断恶化，而且已危在旦夕。但他更是无能为力，他只能遥望着北京的方向，从心底默默祈祷着、祝愿着，盼望在他的李姐身上有奇迹发生，最终战胜病魔，早日回到上海的寓所中来。

1981 年的一个早晨，李燕娥的心脏停止了跳动。当时，杜述周秘书本想立即给上海打电话，把这个噩耗告诉周和康。但被宋庆龄阻止了。她对杜述周说："李姐过世的消息，你今天不要打电话给周同志，打了，他的这个春节就过不好了。还是让我亲自

写信给周同志吧。”

于是，周和康就接到了宋庆龄写于2月5日的一封航空信。在信中，宋庆龄写道：

> 周同志，我今晨很伤心，因为李姐于早晨五时在北京医院过世了。我叫杜同志今天不要打电话给家里，让你们好好过春节，明天可能会通知你们的……

不等读完宋庆龄的信，周和康已是悲痛万分，泪流满面。他为李姐永远离开人间而悲痛，为宋庆龄在这令人痛心的时刻里，还想到让家里人过好春节而感动。

宋庆龄对工作人员的平易近人与体贴入微，给所有的工作人员注入了极大的工作热情与干劲，他们忘我地工作着，希望能以出色的成绩来回报他们敬爱的首长。

6. 赤胆忠心

那天，由刘春生驾驶“大吉斯”，隋学芳和周和康一起陪同，宋庆龄一行前往孙中山故居。他们先看了看楼上楼下的各个房间，又来到汽车间视察孙中山先生的铜像。宋庆龄站在铜像前左看右看了一番后，摇摇头，只说了一句“这个铜像不像孙先生，不要摆!”然后就转身上车回寓所了。

有道是女为悦己者容，士为知己者死。宋庆龄宽阔的胸怀与善良的天性，深深感动着每一位在她身边的工作人员，从而调动了大家极大的工作热情与干劲，甘愿为保护、服务宋庆龄而争先恐后地献出自己的赤诚与忠心。

李燕娥大姐首推第一。她事事处处以保护宋庆龄的安全为己任，为大家做出了优秀的榜样。

每晚临睡前，她都要亲自把家里所有的门窗检查一遍，看看是否都关闭好；室内温度是否合适；电灯、煤气、自来水的开关是否均拧紧与关熄。每当有国际邮包寄来时，她总是立即送上楼去，先请宋庆龄过目，再把邮包拿到阳台上，离宋庆龄远远地，再拆封。经过仔细检查，确保安全无恙后，才送给宋庆龄查收。

显然，当时国内外多次发生的拆封邮包爆炸事件引起了李燕娥的高度警惕。

上海寓所中的清洁卫生是一件琐碎而又繁重的工作。每逢周末或有中外宾客来访，寓所中的全体工作人员都会全力以赴地搞好清洁卫生。

卫生保洁工作，主要是从主楼搞起，再搞辅楼；先楼上，再到楼下。大家先从冲洗外墙屋檐、走道和阴沟开始，把檐下、落水管道、门窗、平台逐一揩洗干净；然后再进入室内各处进行大扫除，做到平顶、四面墙壁、地板、门窗均一尘不染，角落处都揩清洁。古董橱里的瓷器，挂在墙上的镜框，放在各处的摆件，都要小心翼翼地逐一取出抹净擦亮，决不能损坏。

主楼的卫生工作完成后，大家再到辅楼冲洗檐廊上下、道路地面，最后按照各人的分工范围去打扫。

尽管寓所中的花草是绿化工王宝兴负责的，但每逢春天来临，草坪上野草不断生长，大家就集中力量一起去挑野草；4 月份，庭院内 40 余棵大香樟树开始大量落叶，大家就集中力量扫落叶。不管是身为厨师的唐江，还是本职工作是司机的刘春生，都和大家一样，在天不亮的时候就起床，到院子里扫落叶。

到后来，在每月一次的寓所大扫除中，年逾六旬的唐江和刘春生仍和年轻人一样，攀上爬下，辛勤劳动，认真负责，一丝不苟。刘春生保养的两辆轿车，不论上下底盘还是机件设备，都没有灰尘，始终保持着正常状态，内外擦得整洁锃亮。外来的参观者与宾客见到这两辆车，都会众口一词地称赞它们是首屈一指的保养工作的结果。

刘春生驾驶的轿车，如遇雨天外出，不论回来多晚，都要用水冲洗干净、揩清洁，届时不论是绿化工、厨师还是管家，大家总是一起动手，上前帮助晚归的老刘做冲洗保洁的工作。

最累人的恐怕是每年夏天翻晒地毯的劳动了。每当大伏天到来之际，上海寓所的工作人员必须提前把所有的地毯，从室内搬到室外的水泥地上翻晒一遍。沉重的大地毯，有的一卷就达百余斤。在烈日下，大家扛上扛下，来回奔走，汗流浃背，直到每块地毯翻晒完毕，洒上樟脑防蛀粉，然后等它们全部凉透后，再打包成卷，用麻绳扎紧，扛在肩上，搬到餐厅堆放起来。上面还要盖上旧布料以防尘。几十年来，上海寓所中的地毯从没发生过霉变虫蛀等问题。

更为可贵的是，全体工作人员在几十年如一日的工作中，始终没有损坏过寓所里的一件文物摆件，打碎过一件东西。

1956、1960、1963、1969、1977 年，上海寓所先后进行了五次房屋大修理。每次大修理，都需要把室内的家具全部搬清腾空，把所有的摆设、挂件等物集中整理好，装箱打包，从主楼搬到辅楼暂时存放；待房屋修理完工，再从辅楼搬回到主楼，按照原有的位置，重新摆放好。这项工作，都是寓所里的工作人员自己动手干的。往往一次房屋大修理下来，所有的工作人员都累趴下了。

随着岁月的一年年逝去，宋庆龄的身材富态了很多，原来的一些衣裤已穿不上身；要想亲自外出去裁缝店，又唯恐惊扰了市民、违反了市机关事务管理局的内部规定。无奈，李燕娥只得邀

请外面的裁缝师傅来家里量体裁衣。

于是，每当裁缝师傅前往寓所为宋庆龄量体裁衣时，周和康便根据李燕娥的安排，站在楼下电话间的红木圆台旁，担当临时警卫。李燕娥陪同着宋庆龄下楼后，就侍奉在侧，寸步不离，既做了首长的参谋，又当了保护神；直到裁缝的工作结束后，她才搀着宋庆龄一起回到楼上。

李燕娥是个虔诚的基督教徒，当宋庆龄在上海寓所时，每逢星期日上午，她就匆匆赶往乌鲁木齐北路的一个教堂去做祈祷。整个上午，她就在那里度过，风雨无阻，从不缺席。而当宋庆龄离开上海赴京工作时，她就足不出户，什么地方都不去了，就连教堂都不去了，日夜守候在寓所里，集中精力做好家里的每一件工作。总之，平时在家里，总是宋庆龄走到哪里，她就跟随到哪里，从不轻易离开。她俩那对胖胖的身影，就像一双并蒂开放的莲花，让谁看着都动情。

李燕娥总是每天早晨5点就起床，打开门窗，让新鲜空气吹进屋；遇到阴雨天，就紧闭门窗，不让潮湿的空气侵入室内，以免物件遇潮受损。接着，她就开始打扫主楼房间的卫生。别看她行动略显迟缓，但干起活来却是干劲十足，每天把卫生间里的一套三件洁具、墙面瓷砖擦得洁白锃亮。为了做到室内一尘不染与窗明几净，她在爬上蹲下仍够不着的时候，就干脆跪在地下，把地下每个角角落落都揩得干干净净。每年大伏天，李燕娥格外忙碌，周和康他们在楼下翻晒地毯，她就奔走在二楼朝南的大阳台上，翻晒孙中山先生和宋庆龄的裘皮衣服和珍贵文物，然后拿进房间用电风扇不断地吹，直到凉透后，才一件件折叠整齐，夹着

防蛀防霉的樟脑丸，一起放进原来的箱子内。接着，她又和周和康他们一起，把宋庆龄放在书橱里的书、唱片和照相簿等拿出来，先用鬃刷一件件一本本地轻轻刷掉浮尘，再用软布一件件一本本地擦拭干净，最后再夹着樟脑丸，按照原样，一件件一本本地放回书橱。

上海寓所里的工作人员有着明确的分工：周和康负责寓所里的全面管理工作，主要任务是家中一切物品的采购、财务记账、来往邮件登记，骑着自行车，把宋庆龄下达的信件与文件，分送给上海市委、市人大常委会、市委统战部、中国福利会及宋庆龄在上海的众多亲友；同时包干主楼工作人员餐厅、辅楼南面自己的一间卧室、北面一间储藏室、楼梯、走廊等处的清洁卫生工作。李燕娥包干主楼楼上的全部清洁卫生工作。驾驶员刘春生除日常保养维修两辆汽车的清洁工作外，还包干车间前面两扇大门、鸽棚旁的一扇小门、辅楼楼下走道、洗衣间以及平台的清洁卫生工作。厨师唐江除负责日常的伙食外，还包干主楼楼下厨房、客厅、餐厅、电话间、东西书房的清洁卫生工作。绿化工王宝兴负责花卉养护绿化等工作，每天清扫鸽子棚，清扫花园，包干大阳台、楼上南面平台和东面平台的保洁工作。两个警卫员负责日常的保卫工作，收发信件、报刊，并送到工作人员餐厅的窗台上，然后摇动铜铃，通知李燕娥、钟兴宝及时下楼领取，送呈宋庆龄阅审。此外，两个警卫员还包干了大门口的大铁门、传达室与通往主楼道路和后花园的保洁与清扫工作。

上海寓所里每月还要开展一次全面的大扫除，每人根据各自分工负责的范围去完成，随时迎接着宋庆龄的检查。尽管在宋庆龄

钟兴宝、周和康、李燕娥、周玉龙（左起）1960 年圣诞节合影于宋庆龄上海寓所

身边工作是紧张而忙碌的，但在强烈的使命感与责任感的驱动下，总是热情饱满、干劲十足，都是那么的不在乎，谁也不会计较工作时间的长短，谁也不会埋怨劳动的脏累，除了吃饭、睡觉外，基本都在那里工作；事情无论大小，大家团结一致，力争圆满地完成任务。特别是保密纪律，这个在每个人来到宋庆龄身边工作前，上海市机关事务管理局首先关照的要点，更是每位工作人员要时刻牢记与忠实执行的：无论是在上班时还是下班后，大家都是谨言慎行，不应该说的事不说，不应该问的事不问，对在自己职责范围之外的事和寓所内的工作情况，从不议论和探听，严格执行保密纪律。

那时候的周和康，正是身强力壮的时候，为扎实落实宋庆龄“今日事、今日毕”的雷厉风行、一丝不苟的工作精神，他从来不把当天要办的事放到明天去完成。有时候，宋庆龄在晚上7、8点钟写好的信件，就由李燕娥拿下楼去交给周和康，由他立即拿去分送。对所有的信件邮寄、分发的工作，也都由周和康一个人完成，然后分发给市委、市人委的柯庆施、陈丕显、曹荻秋、金仲华、王致中等领导；分送给中国福利会的耿丽淑、谭宁邦、李云、蔡缦云、陈维博；市妇联的沈粹缜以及众多的亲友温太太、邓传、黎照寰、张文华、倪吉贞、牛刘义基、牛恩美、郭宝珠、谭洁怀等，而且都是由他骑着那辆自行车分送。等到全部分送完成后，再向宋庆龄及时汇报。

每当这时，宋庆龄总会面带微笑地、由衷地向周和康道一声“谢谢”。就这一声“谢谢”，使周和康一天的疲累顿时全部烟消云散了。

随着宋庆龄步入晚年，口味渐渐淡化，忠诚的厨师唐江总不时变化着手法，想方设法烹饪出能使宋庆龄爱吃的菜肴。特别是每逢春节，宋庆龄在家与身边的工作人员及家属一起聚餐的时候，唐江更是竭尽全力。细心的周和康至今还保存着 1962 年春节大年夜和年初一、年初二家里聚餐时用的菜单：

大年夜的菜单：全鸭汤、水笋红烧肉、鱼、白斩鸡、家乡肉腊肠、辣白菜、炒菠菜；

年初一的菜单：猪肉饺子、砂锅大鱼头、白斩鸡、水笋红烧肉、糖醋小排骨、辣白菜、炒青菜、糯米团子（每人两只）；

年初二的菜单：火锅、鱼、水笋红烧肉、山鸡炒粉丝、炒绿豆芽、炒塔菜、炒年糕。

1979 年春节，因过不惯北京生活的宋庆龄回到上海过年。这年春节年初一、初二的菜单，也是她自己亲笔修改后定下的：

年初一的菜单：鸭子汤、糖醋大黄鱼、红烧大明虾、水笋红烧肉、什锦冷盆、糖醋银丝茄（芥菜）、芝麻汤团；

年初二的菜单：肉圆粉丝汤、咖喱鲳鱼、水笋红烧肉、白斩鸡、炒塔菜、芝麻汤团。

但是，上海寓所的工作人员都知道，宋庆龄平常的生活极其简朴，一日三餐相当简单：早餐是两片面包、一杯咖啡或一杯红茶，有时还让周和康去买大饼油条来当早餐；午餐吃米饭，两荤一素一汤，因她喜欢吃鱼，两个荤菜中总有一个是清蒸或红烧鱼；下午的点心是一杯酸奶；晚餐仅小米粥或泡饭一小碗就可以了。

有时得空，她会亲自下厨烧菜，烹调京葱牛肉、豆腐以及由

红菜头、洋葱、茄子、西红柿、青椒组合的素菜等。她的这些拿手菜美味可口，一出锅她要分送给工作人员品尝。

每当逢年过节而陡然增大工作量，周和康的忙碌程度就可想而知了。他始终无怨无悔、默默无闻地努力工作着，并为能有幸在宋庆龄这样一位伟大的人物身边工作、得到她的信任而深感光荣与幸福。

随着宋庆龄对周和康的信任度的增加，他的工作更忙碌了，尤其是在“文化大革命”期间和粉碎“四人帮”后，宋庆龄四次回上海，整理孙中山遗物的时候。周和康清楚地记下了宋庆龄四次回上海的时间：

1969 年 10 月 16 日至 1970 年 9 月 5 日；

1972 年 11 月 11 日至 1973 年 6 月 2 日；

1976 年 1 月 27 日至 1977 年 5 月 25 日（期间因重大活动回过北京，其余大部分时间在上海）；

1978 年 12 月 30 日至 1979 年 2 月 25 日。

宋庆龄在上海居住的期间里，除了默默地处理着大量公务事，还一有空就清理家里的东西，主要是整理孙中山先生的文物：应该送人的就送人，应该上交国家有关部门的及时上交，并逐一编号、登记造册。

宋庆龄在清理物品与整理文物的时候，大都亲自动手，李燕娥侍奉在侧协助，周和康则承担着搬箱运物等体力劳动，听候宋庆龄的召唤。当时，周和康的具体工作是：把原保存在新楼东北首一大间内的衣箱、木箱等物，一件件搬运到对面的秘书室，安放在地板上，然后由李燕娥开锁打开，由宋庆龄逐只过目、亲自整理。每天都要整理七八只箱子，足足整理了三四天，才算初步结束。在那段时间里，宋庆龄通知张珏不必到秘书室办公，在家休息，有事自会打电话通知她。同时，亦不允许任何人到存有重要文物的新楼上去。每次整理好后的衣箱物件，仍一件件的由周和康搬回原处，并由掌管着所有房间钥匙的李燕娥关门上锁。

在整理工作告一段落时，根据宋庆龄的指示，家中成立了一个由李燕娥、张珏、杜述周和周和康组成的四人小组，继续对新楼上这个房间内的照片、镜框、书画等物进行整理，然后清洁揩洗、编号登记。最后才由张珏制单造册，打印清单，呈报宋庆龄亲自审阅。

1976 年 9 月 1 日，这批珍贵的革命历史文物随同一份详尽的清单，分别送往了中国福利会、上海市文物保管委员会、上海博物馆。现在，这批文物都珍藏在上海博物馆。

1977 年 5 月 13 日，一向对工作细心认真而负责的宋庆龄指令四人小组完成了上述文物的移交手续，李燕娥与周和康为接收人，杜述周为监交人。这项工作量不小、责任重大的文物整理工作才全部完成。

对于孙中山先生遗留下来的珍贵的文物进行整理的往事，周和康至今仍保留着这些记忆与清单：

1956 年 11 月 29 日，宋庆龄在上海寓所里整理出一批珍藏了 30 多年的孙中山先生的珍贵文献。她先把这些文献寄给北京的孙中山先生诞辰 90 周年筹备委员会。在这批送往北京的重要文献中，有孙中山先生亲笔写的《建国大纲》的手稿；孙中山先生的

手札墨迹一本共60页；以前革命活动的珍贵照片100多张；孙中山先生和夫人合拍的照片等物，整整装满了一个大木箱。

在整理文献的同时，宋庆龄亲自前往故居，重新布置了故居里的陈设，使客厅、餐厅、办公室、寝室保持着原来的风格和形状。

自从1956年11月间在上海寓所里整理出这批珍藏了30多年的孙中山先生的文物后，从1956年到1958年，由周和康经手陆续送往上海孙中山故居陈列和存放的有：

1. 孙中山先生平生事迹展览图片1至13册；

2. 新加坡铜币一枚连塑料盒一只（此币印有孙中山像和开国元勋，是印度友人在新加坡收集后，寄给宋庆龄作为纪念品的）；

3. 德国制“GOERZ”双筒望远镜一架（连皮套）；

4. 德国制“ERKA”听诊器一只（连皮套），德国制“ERKAMETER”量血压器一只（此听诊器、量血压器是何芬同志交给宋庆龄的，原是孙中山先生在北京协和医院治病时，由德国医生所用的）；

5. 大元帅指挥刀一把（连木盒）；

6. 孙中山纪念邮票册一本，内有各种邮票116张；

7. 孙中山纪念邮票册一本，内有各种邮票780张；

8. 孙中山纪念邮票册一本，内有各种邮票594张；

9. 孙总理国葬纪念邮票册一本，内有各种邮票4张；

10. 中华邮政明信片55张；

中华邮政明信片5张；

中华邮政特制邮箱5只（横式的）；

中华邮政特制邮箱5只（直式小的）。

1958年5月，宋庆龄将一把整理出来的孙中山先生任大元帅时的指挥刀交给周和康，并嘱咐他说："周同志，请你将这把刀送到故居去陈列。这把刀是孙先生在1922年北伐时任大元帅的指挥刀，要陈列在故居餐厅里壁炉架右侧长茶桌中间。"

1958年12月3日上午9时，朝鲜金日成首相参观孙中山故居。宋庆龄指示隋学芳警卫秘书和周和康一起去故居，由隋秘书担任讲解。

1963年3月9日下午，宋庆龄去五原路中国福利幼儿园视察，然后顺便去孙中山故居看了一下。

1963年3月12日，是孙中山先生逝世38周年纪念日，每年故居都进行纪念活动。这天上午，周和康去孙中山故居参加接待工作。纪念活动结束回来后，即向宋庆龄汇报工作，主要是汇报瞻仰故居纪念活动的上海市有关领导人和各民主党派的代表姓名，以及由市人大、市政府、市政协、市委统战部、中国福利会等所送花圈等事宜。

1963年3月13日晚上20时，宋庆龄交给周和康两封信函，是关于日本华侨黄天龙送给宋庆龄5600棵樱花、白杨、柿树苗一事。宋庆龄指示：该信函送交张苏平副秘书长处理，并要在故居各种一些树苗。14日早晨，周和康持信向张副秘书长汇报宋庆龄的指示后，张在该信上批示转市园林处处理。

4月15日，宋庆龄交给周和康一张她坐在飞机舱内试航时拍的照片，并告知这架飞机是1921年我国广东自己装配制造的第

宋庆龄赠送给周和康的2寸照片

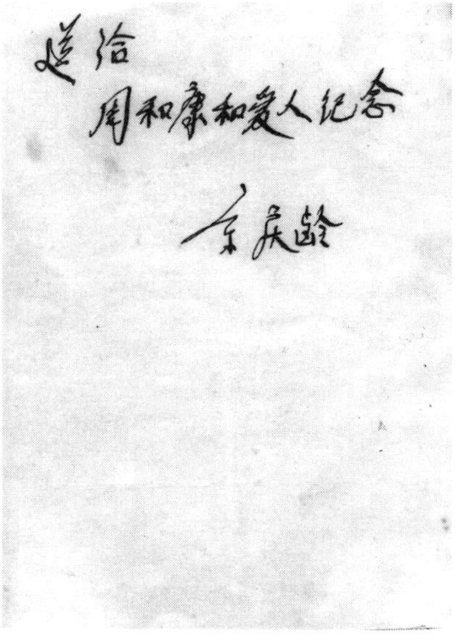

宋庆龄在照片后面的亲笔题签

一架飞机，是她试航时所拍的照片。并指示周和康将这张照片放在故居卧室梳妆台上的右侧位置。

6 月 1 日上午，宋庆龄指示周和康到孙中山故居去了解一下情况，主要是为了一张照片给李云拿去放大的事：钱乃骅（时为孙中山故居纪念馆的工作人员）事先没有向安培廉联系汇报，就擅自作主把照片交给了李云。安培廉发现后，就向钱乃骅指出这件事情的严重性，并去电话告知周和康，要周和康从速把这一事件向宋庆龄汇报。宋庆龄告诉周和康说："对这一情况，我根本没有叫李云把照片拿去放大过，而这张照片，我是没有想到过要去放大的。钱乃骅做事这么大胆，这还了得。"

6 月 17 日上午，根据宋庆龄的指示，周和康陪同李燕娥一起去故居。他事先已电话通知安培廉来故居，共同在故居汽车间楼上整理所有存放的物件，并清扫一下室内的清洁卫生，把整理出来的部分照片和地图拿下楼去存放，以便进行鉴定。

8 月 10 日，关于孙中山故居重点文物单位石碑之事，张苏平副秘书长指出：云南大理石色泽不好，必须重做，改用北京汉白玉的。放在什么地方，可找上海市文化局方行局长，请他派人去看，初步决定放在故居内大门口东面朝北的墙上。经周和康向宋庆龄请示汇报后，宋庆龄同意上述方案。

1965 年 3 月 12 日，是孙中山先生逝世 40 周年纪念日。宋庆龄指示周和康和孙国印警卫秘书一起去故居接待客人，由周和康讲解。结束讲解回寓所后，在客厅，由孙国印警卫秘书和周和康共同向宋庆龄汇报有关情况。

8 月 10 日，宋庆龄指示周和康，把在故居客厅、餐厅壁炉架上面的孙中山先生的照片，连同镜框一起拿到寓所给她观看，然后指示根据原样，各翻印两张；镜框按原样各做一只，准备带到北京去使用。

下午，周和康就去王开照相馆找到支部书记陈铭楷同志，办理照片翻印事宜。对镜框的复制，周和康马上到上海大厦家具厂找周厂长联系。翻印照片和复制镜框的事办好后，周和康立即取回，面呈宋庆龄。宋庆龄看了后，均表示满意，认为翻印的照片和复制的镜框都很好，这次可以带到北京去使用了。

每当宋庆龄在北京的期间，她也经常向上海寓所的李燕娥与周和康询问、关心孙中山故居的接待情况，并叮嘱周和康要经常去故居看看，了解那边的情况，要注意那边的清洁卫生工作。

尤其是每逢孙中山先生的诞辰与逝世两个纪念日，只要宋庆龄在北京，周和康都会自觉、及时地写信给她，向她汇报这两天的纪念活动情况。

1964 年 12 月 9 日，周和康接到宋庆龄的来信。信中说："来信收悉，关于故居存放的珍贵文物，为了能够更好地进行保管，可以遵照齐燕铭秘书长的建议办理。关于广州博物馆来信索取照片事，为了纪念孙先生和使该馆充实陈列起见，我考虑可以同意他们的要求，请将照片随函寄出是感。"

1967 年 8 月，宋庆龄从北京给在上海的周和康去信，随同附寄四张照片。宋庆龄在其中的两张照片上亲笔写着如下的指示："这只长红木椅，亦可搬到接待室去摆"；"这三只椅，搬到接待室楼上去"（接待室即指隔壁香山路 9 号孙中山故居）。

在这封信中，宋庆龄明确指出："放在故居楼下走廊上的一

张长红木椅，觉得太挤，要搬到隔壁9号接待室。另外，放在故居楼上阳台西侧的三张沙发椅，在1949年，系别人送给首长的，孙中山先生未看见过，也要搬到隔壁接待室楼上，免得客人多坐弹簧容易坏。”

直到宋庆龄病重的时候，她还挂记着上海孙中山故居的事宜。1980年10月15日，周和康接连收到宋庆龄秘书的来信，告知“美国伊罗生夫妇是首长很亲近的朋友，三、五日内到沪参观中山故居。过去他们常到故居看望首长。请即通知看管故居的同志进行一次彻底的清洁卫生。外宾将观看每项工作，每个角落。我们已通知接待单位（作家协会）与上海外办联系并将你的姓名告知他们。参观时有你在场为好。”接着，又有一封来信告知周和康说：“这封信写好后，首长又有一指示如后：‘请你为伊罗生夫妇找一个好的摄影者，在他们参观时（指参观故居时）拍照，一张寄给首长留作纪念；另一张给伊罗生夫妇。’”

周和康即遵照宋庆龄的来信指示，通知故居的杨永禧同志，立即进行一次彻底的清洁卫生大扫除，全面做好各项准备工作，欢迎伊罗生夫妇到故居来参观。10月29日上午，伊罗生夫妇在市外事办公室的同志陪同下，前往孙中山故居参观，由周和康作了详细的讲解，并一起拍照合影留念。当时共拍了14张，印了四套：一套寄送北京宋庆龄；一套送给伊罗生夫妇；一套留在孙中山故居；一套送给周和康自己留念。

那么，宋庆龄何以对这对来自美国的伊罗生夫妇给予如此特别的关注呢？这里有个历史渊源。

抗日战争时期，伊罗生曾在上海主编《中国呼声》杂志，进

行抗日宣传，对宋庆龄的各个方面帮助很大，并经常到故居去看望宋庆龄。在 1936 年春天，宋庆龄亲自到外滩码头迎接诺贝尔文学奖获得者萧伯纳，并设家宴招待。那天，在故居迎接萧伯纳的还有鲁迅、蔡元培、伊罗生、史沫特莱和林语堂。

在整理孙中山遗物的过程中，所有文物宋庆龄都没提出任何不同意见，唯有那尊孙中山的铜像，却使宋庆龄感到了些许不满意。

周和康清晰地记得，这尊铜像是在 1956 年底，经隋学芳警卫秘书通知，戴炳龙具体联系，由汪顺德驾驶一辆中型吉普车，从余庆路 80 号内院子里（据说该处原是国民党区党部）装运到香山路 7 号的孙中山故居存放的。

1957 年春天，宋庆龄亲自来到了故居，专程视察这尊铜像。那天，由刘春生驾驶“大吉斯”，隋学芳和周和康一起陪同宋庆龄前往。他们一行先到故居看了看楼上楼下的各个房间后，就来到汽车间视察孙中山先生的这尊铜像。宋庆龄站在铜像前左看右看了一番后，摇摇头，只说了一句“这个铜像不像孙先生，不要摆!”然后就回头上车回寓所去了。

当天，隋学芳就打电话向张苏平副秘书长汇报宋庆龄的意见，张苏平回答说：“根据首长的意见办理，把这尊铜像运到别的地方放起来再说。”

根据周和康的回忆，大约在 1958 年底或 1959 年春的一个晚上，由上海市机关事务管理局总务处张乔雷处长组织了十余名共产党员，把这尊铜像从孙中山故居装运到了荣昌路 60 号的汽车间存放。

1985年12月6日下午，按照张益群局长“要把这尊孙中山铜像搬回故居安放”的意见，由朱其招同志组织周和康、周喜云、刘春林、钱方定，宋庆龄故居的孙志远、孙跃权、毛正东、徐建华、俞志成、沈根林、周汉清及上海市委办公厅行政处的戴炳书和一位驾驶员共14人，使用一辆两吨卡车，把铜像从荣昌路60号安全搬回到故居汽车间内存放。

1979年1月18日，宋庆龄交给周和康广州中山大学孙中山纪念馆精装画册一册，嘱周和康送交上海孙中山故居存放。该画册是红色丝绒面的，是中山大学献给宋庆龄留念的。

在上海寓所里，宋庆龄先后会见过毛泽东、周恩来夫妇、刘少奇夫妇、朱德夫妇、陈毅夫妇、董必武夫妇和林伯渠、吴玉章、何香凝、陈赓、廖承志、齐燕铭、徐冰等领导人，还接见了苏联最高苏维埃主席团主席克·叶·伏罗希洛夫，朝鲜民主人民共和国首相金日成，印度尼西亚总统苏加诺，锡兰总理班达拉奈克夫人，柬埔寨西哈努克亲王，尼泊尔王国首相阿查里亚，美国作家安娜·路易斯·斯特朗等。

会见与接见、宴请宾客之前，宋庆龄都要作周密的安排，并亲自向周和康过问整个接待工作。例如开菜谱时，是用西餐还是中餐，上海菜还是广东菜，用什么饮料、点心与水果，各方面都有具体的指示，并在事先一一审定。对环境的布置，盆景的摆设，鲜花的插放，她也都要亲自检查一番后才放心。特别是对寓所的清洁卫生工作，格外重视，唯恐一时的疏忽，给来访的外宾留下不好的印象。为此，宋庆龄明确要求做到窗明几净，处处给人以清清爽爽的的感觉。她经常教导寓所内的工作人员："要保持仪表整洁，这是对客人的尊重，讲究礼节、礼貌是中华民族的美德。穿着衣服，不论是新是旧，都要干干净净，要定期理发、修面，养成良好的生活习惯和精神面貌，才能不损国家尊严。"

宋庆龄的时间观念很强，她是个绝对遵守时间的示范者，无论是宴请或接待客人，到了约定的时间，她都要提前 15 分钟，从楼上安步下楼，进入客厅，静候客人的到来，从不耽误时间，充分体现了她的高尚品德。

记得 1965 年 3 月 4 日巴基斯坦总统阿尤布 · 汗来访时，宋庆龄照例在李燕娥的陪同下，前往各厅、室进行检查。在餐厅里，宋庆龄对周和康说："周同志，外宾是很讲究清洁卫生的，他们十分注意室内角角落落是否搞得干净，地板是否擦得锃亮。今天我看了一下，觉得很满意。但尚有一处还不尽如人意。"说到这里，她转向了一边的李燕娥，"李姐，你看，摆在壁炉架上面的银器挂件和放在台子上的孙先生的照相的银质镜框没有擦亮，是否可以擦擦亮？这样会让人感到更舒服。"最后，宋庆龄对李燕娥与周和康语重心长地说："搞好室内外清洁卫生和环境布置，不要看成是繁琐的事务性工作，应当看到这里面是包含着政治意义的。"

7. 情有独钟

每年1月27日前后，宋庆龄总是借口吃蛋糕、包馄饨、吃红烧肉蛋面，悄悄地为自己过生日。以前，人们都不知道她确切的生日时间，因为她从不喜欢人们问起她的年龄和生日，也从不搞祝寿做生日的活动。

宋庆龄出生在上海，上海是她的家乡。所以，她对上海确实是情有独钟。在她光辉的一生中，有相当长的时间，是战斗在上海，生活在上海的。她热爱上海，长期定居上海，并始终以上海为家。每年元旦、春节，她总要在上海家里和工作人员欢聚一堂，共度佳节。周和康就曾经听她亲口说过："我喜欢上海，上海是我的家。我不太愿意住在北京，因为北京是我最伤心的地方。孙先生逝世在北京，往往会使我触景生情，让我十分悲痛，心里极难过。"

每当宋庆龄离开上海前往北京参加国务活动时，身为上海寓所管理员的周和康，都要前往机场送行，在飞机舷梯旁与她握手道别。这时，宋庆龄总要轻声细语地嘱咐周和康说："周同志，我要到北京去开会，家里的事，都交给你了。你要谨慎小心，团结大家，齐心协力，做好家里的管理工作。"然后她又情真意切

地补充道，“到北京去上班，回上海到了家。”寥寥几句，充分表达了她对上海情有独钟、满怀依恋的深厚感情。

到了晚年，宋庆龄更是念念不忘上海，情恋上海。周和康记忆犹新的是，1978 年 12 月 30 日，宋庆龄从北京乘飞机返回上海，居住在上海家里，直到 1979 年 2 月 25 日，才回北京。实际上她这次回上海，主要是为了在上海家里欢度元旦与春节，并过生日。1979 年 1 月 26 日，她设宴招待中国福利会的沈粹缜、朱可常、陈维博、吴元恒等领导人。紧接着在 1 月 28 日的傍晚，她又在家设宴招待上海市委彭冲、王一平两同志，并一起合影留念。在这两次家宴的中间一天，即 1 月 27 日，就是宋庆龄自己的神秘的 86 岁生日。现在回想起来，发现这不是偶然的巧合，而是宋庆龄幽默含蓄而又巧妙的安排。

回忆往事，确实如此：每年 1 月 27 日前后，宋庆龄总是借口吃蛋糕、包馄饨、吃红烧肉蛋面，悄悄地为自己过生日。以前，人们都不知道她确切的生日时间，因为她从不喜欢人们问起她的年龄和生日，也从不搞祝寿做生日的活动。为了国家和人民的利益，宋庆龄倾注了全部的精力，日夜操劳，忘我工作着。而对自己的事情，她从来就是高标准、严要求，率先垂范，作出榜样。这就是她永远光照人间的伟人风范！

据周和康回忆，特别是在宋庆龄临近人生道路最后两个多月的日子里，她对上海更是朝思暮想，心驰神往。1981 年 3 月 3 日，周和康接到宋庆龄写给他的最后一封亲笔信，在信中，宋庆龄这样写道：

> 周同志，多谢你27日的来信，我原来要给你信，但荨麻疹加重了，手发抖，不能写字。后请了许多中外医生看了，打针、吃药后好些了。但仍旧不能多执笔。因此，请原谅。我知道你听到李姐过死（世）的消息，一定很难过……有关房屋改名的事，请你用我的名字（宋庆龄），因为我过了五月就想退休回家。这事无别人知，因会（为）同志们都希望我住在北京，但我的身体十分不好，不能住在这里。请千万不要对人说，本想早些回来，但加拿大的大学要派一班人在五月里来北京送我博士衔，我不能退掉，我当你是我自己亲人，因此，告诉你……

从这些由衷铭心的话语中，不难看出宋庆龄时刻向往着她依恋不舍的上海，印证了她“始终要回到可爱的上海家中去”（1976年1月7日致杨孟东信）的愿望。

最后，宋庆龄终于实现了自己的夙愿，落叶归根，她的骨灰与李燕娥的骨灰葬在了上海万国公墓她父母的墓地里，永远陪伴着父母，长眠在父母的身旁。

8. 姐妹情深

宋庆龄戴着老花眼镜仔细观看图纸，边看边说道："我记得我们宋氏墓地有八穴地，李姐的骨灰葬在左边，平行的右边是我的。因为是小辈，都要比父母的墓低一些……"

宋庆龄是一位品格高尚、心胸宽广、懂礼貌、重情谊、生活情趣高雅、气度不凡的国家领导人，她对亲朋好友诚挚热情、照顾周到、关怀备至。在周和康的记忆中，颇为深刻。众所周知的邹韬奋夫人沈粹缜，与宋庆龄是公认的挚友，她俩之间亲密无间，交谊至深。这二位伟大的女性之间，有着将近50年的交往，一个称为孙夫人，一个称为沈大姐，她们之间书信往来频繁，互致问候不断。上门访谒，家宴待客，沈大姐是座上客；接待外宾，参观视察，沈大姐一起陪同。

例如1958年10月17日 视察上海国棉十七厂，就是沈大姐陪同宋庆龄一起去的；中午，宋庆龄和沈大姐在工人食堂与工人一起共进午餐。1958年10月18日，视察七一人民公社，1960年3月17、18日视察上海闵行工业区和吴淞工业区、马桥人民公社和张庙一条街、吴淞口海军舰艇等处，都是由沈大姐陪同视察的。每当宋庆龄下厨房烹饪出她拿手的诸如京葱牛肉烧豆腐，西红柿、洋葱、青椒、茄子、红菜头组合而成的素菜等菜肴时，她就立即盛出两盖碗，嘱周和康马上送给沈大姐品尝。有时，沈大姐有了诸如苏州松子糖、薰青豆、加应子、九制陈皮梅等美味小吃时，亦会及时打电话告知宋庆龄，然后由周和康前往她家中取来送给宋庆龄品尝。

使周和康难忘的是，“文化大革命”中，沈大姐原在淮海中路上海新村 13 号的那套住房，尽管与工作单位上海市妇女联合会距离较近，但由于生活上诸多干扰的原因，她不得不动了搬迁新居的念头。宋庆龄知道后，亲自安排沈大姐搬迁到原来她和她父母居住过的陕西北路 369 号的住宅里，并将二楼朝南宽敞、阳光明媚的两个大房间，无偿送给沈大姐居住。她还亲自写信给李燕娥，嘱咐周和康、刘春生与绿化工王宝兴三人，在 1968 年夏季，协助沈大姐从上海新村搬迁到陕西北路 369 号。

为了加强中国福利会的领导，1978 年 3 月 13 日 ，在庆祝中国福利会成立 40 周年的前夕，沈粹缜被任命为中国福利会秘书长，这样，她俩之间的联系就更为密切与频繁了。1979 年 6 月以后，沈大姐多次前往宋庆龄的北京寓所探望和汇报，并与宋庆龄一起共进午餐。当年 8 月 3 日，宋庆龄得知沈粹缜身体不适，就立即写信给她说：“请注意身体健康，您不要天天到会里去办事了，您的心脏病，更需要休息……”

1980 年 2 月 4 日，宋庆龄写信盛情邀请沈粹缜到北京她家中养病。在信中，宋庆龄写道：“我很过意不去，你身体不好，还要送春节礼品给我！我听到你旧病复发了，心里非常难过。我希望你能到北京来养病……每天大夫来，房间又暖，不怕风大、下雪，这些都较医院好，请你考虑一下，早来这里休养。”同年3月17日，宋庆龄又一次致函沈粹缜说：“我十分高兴接到你的来信，知道你近来身体好些了，但请你要好好休息……”

1981年2月5日，李燕娥在北京逝世后，沈粹缜大姐多次奔波于上海与北京之间，忙于探望宋庆龄。2月16日，沈大姐专程从上海前往北京寓所探望宋庆龄，她俩一起缅怀李燕娥。宋庆龄当面一再叮嘱沈粹缜：要为李姐立碑，写上“李燕娥女士之墓宋庆龄立”的字样。为了办好李燕娥墓和骨灰的安葬事宜，沈粹缜大姐于当年3月16日下午前往北京寓所会见宋庆龄，商谈修建李姐墓的方案，并亲自带去了上海宋氏墓地的图纸和李燕娥的墓碑的设计图纸，呈请宋庆龄审阅，同时详细汇报上海有关部门安葬李燕娥骨灰的打算。宋庆龄戴着老花眼镜仔细观看图纸，边看边说道：“我记得我们宋氏墓地有八穴地，李姐的骨灰葬在左边，平行的右边是我的。因为是小辈，都要比父母的墓低一些……”

同年3月20日下午和3月31日下午、4月4日，沈粹缜大姐连续多次前往北京寓所探望宋庆龄，带来4月2日在上海万国公墓举行的李燕娥骨灰安葬仪式的照片。宋庆龄看后很高兴，并赞扬了上海经办同志的工作效率。

沈大姐在4月14日前往北京寓所探望宋庆龄时，在寓所里用了晚餐。5月20日晚，沈大姐来到宋庆龄的病榻前。宋庆龄见到自己的挚友，第一句话问的就是，“沈大姐你休息没休息”，接着，在21日清晨，沈大姐再次来到宋庆龄病榻前陪伴时，昏

前排左起：徐荷珍、宋庆龄、沈粹缜、黎沛华、薛邦祺、安培廉、程瑞庭、周和康、卢庆春1961年夏合影于上海虹桥俱乐部（宋庆龄前站立两女孩，高者为周玉人，低者为隋永清）

后排左起：马景顺、张惠芬、戴辉、李金枝、李奕民

左起：宋庆龄、沈粹缜 1961 年合影于上海虹桥俱乐部（现龙柏饭店），前两女孩高者为周玉人，低者为隋永清

左起：宋庆龄、沈粹缜、黎沛华 1961 年合影于上海虹桥俱乐部（宋庆龄抱在左边的是周玉人，抱在右边的是隋永清）

迷中，宋庆龄睁开眼睛看到沈大姐后断断续续说的也是，“沈大姐你休息吧……你休息了吗……一定要休息……”

更令人感动的是，在5月12日清晨5时，宋庆龄不顾自己重病在身，在稍清醒的情况下，一边喃喃说着：“我还有事要做，我还有事要做”，一边硬挣扎着从床上坐了起来，在钟兴宝与顾金凤的搀扶下，艰难地走到写字台前坐下，用颤抖的手握笔蘸着墨汁，写下了“韬奋手迹　宋庆龄 一九八一年”12个字，而且一连写了两张，供沈粹缜大姐选用。原来，在年初时，她曾答应沈粹缜大姐的要求，为即将出版的《邹韬奋手迹》一书写个题签。但是，由于病魔缠身，她一直无法如愿，只怕颤抖不止的手写不好字。这天，宋庆龄感到再也不能等待了，所以稍有清醒，便挣扎着起床努力完成了这一心愿。宋庆龄不由如释重负，被搀扶着回到床上躺下时，还心满意足地喃喃自语着：“我现在放心了，我现在放心了”。

这是宋庆龄留给人间的最后墨宝！

据周和康回忆：宋庆龄每次遇到经济捉襟见肘或家中入不敷出时，她第一个想到的就是沈粹缜，向沈大姐伸出求援之手，暂借款几百元，以解燃眉之急，然后领到工资后，立即归还。对此，沈大姐自是义不容辞，设法及时解决。周和康就曾亲历过好几次。

1978年至1979年6月，前警卫秘书隋学芳的女儿隋永洁去美国波士顿留学，需要花费很多的钱，除了添置衣服、支付出国旅费外，还要支付高额的学费，宋庆龄为资助隋永洁去美国求学，经济上处于了较为困难的时期。1979年2月，根据叶剑英委

员长的指示，由国家财政拨款5万元给宋庆龄，供她支配。至于叶剑英委员长何以得知宋庆龄为资助其前警卫秘书之女出国留学而遇到经济困难一事，周和康等人概不知情。

1979年3月中旬，李燕娥在一次与周和康的闲聊时，才悄悄透露出了个中内情。李姐告诉周和康：叶帅之所以获悉宋庆龄经济拮据并拨款给宋庆龄，是沈大姐私下向叶帅汇报的。沈大姐与叶帅是儿女亲家，两家关系密切。李姐还再三叮嘱周和康：此事要严加保密，切勿对任何人说，你自己一个人知道就可以了。

9. 北京寓所

安茂成是个有心的年轻人，他知道宋庆龄怀念孙中山先生，当秘书从上海寄来了托人从广州孙中山先生故居带回的人参籽之后，由于当时自己并不熟悉这类植物的栽培方法，所以不知花费了多少的心血和精力，才终于在院子里栽培成活了。宋庆龄从上海回到北京后，意外地发现了安茂成苦心努力的成果，不由惊喜地问道：“小安同志，你知道这叫什么？”

北京西城区后海北沿 46 号，这是一座典型的中国式庭院。走进北京寓所，幽静的园内假山叠翠，花木成荫；清澈的湖水，曲折环绕。1949 年新中国成立后，党和政府原计划为宋庆龄副主席在北京专门建造一座住宅，但却被她以国事百废待兴为由，一再逊谢了，仍暂时借住在潮湿霉暗的方巾巷。最后，在周恩来总理的亲自过问下，才借此王府花园，葺旧更新，作为宋庆龄在首都的居住地。

这座原为清康熙朝重臣、大学士明珠的宅邸，后为乾隆重臣和珅的别墅，嘉庆年间为成亲王永星的府邸，清光绪十五年为醇亲王新府邸的花园，占地 2 万多平方米，是北京名人故居中占地面积最大的。新中国成立后，这里先是蒙古人民共和国驻华大使馆，1962 年改建后，宋庆龄于 1963 年迁入这里居住。

宋庆龄对北京寓所中那众多古朴典雅、颇多回味的古典建筑，很感兴趣。

园中的建筑中有：前厅“濠梁乐趣”，后厅“畅襟斋”，侧厅“听鹂轩”，东厅“观花室”；超手曲廊间有一“恩波亭”，曲廊衔接“南楼”；隔着南湖，有原醇亲王府花园的南楼，楼西边假山上有“听雨屋”，东边假山上还建有一座华丽的扇形古亭，称“扇亭”，其匾额上题有醇亲王的亲笔题书“扇亭”；亭子上面画着桂林山水和各种花鸟，登上此亭可饱览后海及园中美景。扇亭与西北角的“听雨屋”遥相呼应，取风调雨顺之意。

园中主楼为 1962 年新建的二层中西式小楼，外观仿古，与内景和谐一体。“濠梁乐趣”与“畅襟斋”分别为大客厅与大餐厅。

园内之湖称南湖，湖畔有鸽子房，饲养着鸽子。这是宋庆龄特别感兴趣的。

北京家中常驻有七八位工作人员：老管家钟松年、采购兼通讯员张有、绿化工兼鸽子饲养员安茂成、司机刘凤山、厨师黎传等。再加上宋庆龄每次去北京“上班”时必带的文字秘书张珏或黎沛华、女佣钟兴宝等，常在十个人左右。

绿化工兼鸽子饲养员安茂成，回族人，1943 年 9 月出生于北京市一个小业主家庭。秉承着祖父母、父母亲的优良教养，为人处事憨厚又善良，待人接物忠诚又老实。他刚到宋庆龄北京寓所

宋庆龄在北京寓所的留影

时担任绿化工，兼管鸽舍的清洁工作。后来专职饲养鸽子的那个工作人员辞退后，他就接管了寓所中一百只鸽子的饲养工作。

据安茂成回忆：宋庆龄最喜爱的几个品种是紫点子、紫玉翅、素白等，各有十来对。其他品种仅有两三对。她每日清晨开始工作，到上午 10 时，机关做工间操的时候，她才稍微放松一下筋骨，下楼散散步。宋庆龄擅吹口哨，声音圆润响亮，鸽子听惯了，每天只要她的口哨声一响，就会立即竞相集合在宋庆龄身边，落在她的肩头与掌心里。宋庆龄还经常站在院中看鸽子在空中飞翔盘旋，一般只给雄鸽子戴上小而轻的鸽哨，如五联、二筒之类。只有到了节日或在天气晴朗时，才给它们戴上一把小葫芦。宋庆龄舍不得鸽子负重，鸽子有时将邻家的鸽子裹来落在寓所里，她会亲自或令安茂成挥竿轰走，愿它们返回自己的鸽巢，以免邻家因丢失鸽子而焦虑。

与在上海寓所时一样，宋庆龄有一个习惯，即出门返家，不论何时何刻，哪怕已时逾午夜，也必先去鸽子棚前看看，然后再进门登楼。车开进宅邸，停在楼的西门，下车后，南行几十步就到了鸽舍前。想必宋庆龄当初选址建此鸽舍时，就是为了方便日后观赏。宋庆龄每次去上海，都要带上几对鸽子同往，回北京时又带回。在上海时，她还时常要打电话回北京寓所，询问鸽子的情况。和平之禽已与宋庆龄结下了不解之缘，她是真正爱鸽子的人。

宋庆龄最早养鸽子，大概可以追溯到她与孙中山共同生活的时期。因为孙中山也喜欢鸽子，所以她在上海的寓所里很早就饲养了鸽群。而说起北京寓所里开始饲养鸽子，这里就得为管理人

员张有记上一功了。

那是50年代初，宋庆龄还住在方巾巷。一天，两只迷路的鸽子飞进了宅院。管理员张有收留了它们。几天后，宋庆龄从上海来到北京，张有向她报告了这件事，并请示她如何处理。宋庆龄高兴地让他建个鸽舍，把鸽子饲养起来。从那以后，鸽子就一天比一天多起来了：有从市场买来的，也有国内外友人赠送的。印度尼西亚总统苏加诺就曾经送给宋庆龄一对通体纯白的名鸽。

在后海住宅里，宋庆龄还曾饲养过一只漂亮的观赏鸽，这只鸽子的头颈和胸前长着紫亮色的羽毛，她十分喜爱。后来这只鸽子老死了，宋庆龄很伤心，亲自到院子里把它埋葬了，以致她在招呼鸽子时，常会情不自禁地呼唤这只鸽子的名字。而每当这时，群鸽就会一齐向她飞来，围绕盘旋在她的身边，落在她的肩头与手上，似乎在安慰它们的主人呢！

从1959年开始，安茂成在国务院机关事务管理局服务处工作，专门轮番着为“四副两高”家（国家副主席、副总理、人大副委员长、政协副主席及最高人民法院院长、最高人民检察院检察长）换送一年四季与逢年过节用的花卉盆景。在到宋庆龄北京寓所前的八年间，安茂成勤奋踏实的劳动态度与谨慎认真的工作作风、精湛超群的工艺，赢得了领导的一致好感与认同。同时，他积累了一定的花木盆景栽培的经验，为他后来一人承担宋庆龄北京寓所里的花卉盆景与草坪栽培任务奠定了扎实的基础。

年轻时的安茂成在北京寓所鸽棚前饲养鸽子

在北京寓所的园子内，种植着古树名木60余种、一千余株，南北花卉百余种，有玉兰、牡丹、芍药、迎春、连翘、丁香、紫藤等，还有朋友赠送的花木盆景，一片生机盎然。

草坪上有一株古槐，树冠阔如巨伞，枝垂匐地，树荫近百平方米，主干围长3．5米，树龄有500多年，被列为国家一级古树。宋庆龄常在二楼隔窗而坐，欣赏它的婀娜多姿的丰彩。她觉得它像一只展翅回首的凤凰，故为它取名为“凤凰国槐”。

在那块刻有“岁岁平安”的太湖石南边的西山（假山）脚下，有一棵马尾松，是宋庆龄迁居在这里的第一年为了在圣诞节招待外宾和孩子们，特意派人从西山苗圃选来做圣诞树的。翌年早春，宋庆龄发现它的针叶多有枯黄，就让安茂成的前任绿化工栽在这里，以便时常来观赏并关心它的成长。西山南麓，有一盆老石榴盆景，更为宋庆龄所钟爱。这盆石榴桩是原来皇宫之物，植于乾隆年间，已有200多岁；紫砂盆是明代遗物，被人们誉为“国宝盆景”。南楼前有一古树以围栏作保护，牌上写着“明开夜合花”，据说它是纳兰性德当年亲手栽植于楹前的数株之一。

院内有一架龙眼葡萄，是宋庆龄住在方巾巷时所植。每年中秋时节，宋庆龄会亲自采摘葡萄招待客人。

跨院中间剑石旁边有两株宽大的海棠树，都是原醇亲王府花园的植株。春天花开繁茂，秋季果实累累。宋庆龄常常用果实制作海棠酱，给身边的工作人员品尝。主楼前摆放着十几盆石榴树，也是随宋庆龄一起乔迁到后海的。每年秋天，红灯笼似的石

榴果压弯了树枝，惹人喜爱……

1967年4月5日，管理局服务处的杜光杰科长忽然找到安茂成，说侯局长有要事找他相商。当时，安茂成因为平时喜欢悄悄地哼唱几句被视为禁歌的歌曲而被人扣上“小资产阶级思想”的大帽子、贴了几张大字报，正处于茫然无措的状态，所以一听局长有要事找，心里就更加不安了。

安茂成连忙紧随杜光杰科长来到管理局，侯春怀局长、服务处侯锦涛处长已在那里等他了。刚坐下，侯局长就笑嘻嘻地问他说：“小安，经组织上研究，打算派你去宋庆龄副主席身边工作，你有什么想法?”

时年才23岁的安茂成一听宋庆龄这如雷贯耳的大名，顿时心中又惊又喜又紧张，一时不知说什么好，只是一个劲地点头。

“为什么组织上把你调过去为老太太服务，这里面的道理，你应该明白。只能做好，决不能做坏！只要老太太乐了，就算是完成了党交给的任务。你去后，每天的头发要理得干干净净的，衣服也要穿得整整齐齐的……当然，你有什么想法和意见，现在也可以提出来。”

有什么想法和意见？没有，没有！一点也没有！有的只是敬仰、幸运与紧张感。安茂成从小就读过唐人所著的《金陵春梦》，对有关孙中山与宋庆龄的故事耳熟能详，是自己一向特别敬仰的几近传奇的女性；何况正在自己无端被人诬蔑为“小资产阶级思想”而置于尴尬的窘迫境地之际，组织上还把这样重大的任务交给自己，这本身就体现了党对自己的信任；何况将从此朝夕见到

自己从小就特别敬仰的宋庆龄副主席，到这位全世界都公认的二十世纪最伟大的女性身边去工作呢！

唯一担忧的是：自己的新婚妻子杨翠玲已到了预产期，就在这几天快要生育了。他只怕自己因此而分了心，不能立刻全心全意地投入到为首长服务的工作中。

事实果然如此，就在 4 月 17 日，安茂成的大女儿出生了。但为了全心全意地做好服务工作，不惊扰一向热爱儿童、关心妇女的宋庆龄，安茂成守口如瓶，跟谁也没透风。

在侯局长谈话的第二天，安茂成就装束整齐，焕然一新地前往后海宋庆龄寓所报到了。但不知何故，这天的宋庆龄家中，院里空空落落的没有一个人，就连草坪上的花草也耷头拉脑、无精打采的，给人一种异样的感觉。

因为平时常给宋庆龄家换送花卉盆景，安茂成与秘书张珏相熟，所以当时正在院内的秘书张珏一见到他，就笑着迎了上来："小安，快来，快进来呀。"

不一会儿，宋庆龄款款下楼来了，安茂成连忙迎上前去，激动地叫了声"首长您好"。

正是春光明媚的日子，金色的阳光披洒在宋庆龄丰腴的脸庞上，使人看着格外亲切。在她的身上，透露出一种无法用言语描摹的高贵与典雅的气质。

宋庆龄仰望着身高 1 米 80 的安茂成，微笑着握了握安茂成的手，上下端详了一下，然后笑着用一口明显带着上海口音的普通话说道："小安来了，欢迎你，欢迎你。唔，高高的个子，正好，正好。"

事后才得知，就在前几天，家里原来的那个绿化工盲目跟随S警卫秘书一起起来造宋庆龄的反，不但借故停止了正常的工作，还擅自把家中宋庆龄所喜欢的大量花卉盆景给送走了。愤怒而又无奈的宋庆龄让国务院机关事务管理局调走了绿化工等不安份的年轻人，要管理局另外选派优秀的人员来寓所。难怪安茂成这天一进家门，就发现院中空落落的不对劲了。

就在这天，不等安茂成把寓所中所有花卉盆景的情况了解清楚，秘书张珏就把一张宋庆龄亲手写的纸条交到了安茂成的手中，语重心长地说："小安同志，这是首长亲手写的一张单子，上面的花卉盆景，都是你的前任搞掉的，也不知他都送哪里去了。现在，首长想请你帮帮忙，把它们尽快地追回来。你看怎么样?"

安茂成接过清单一看，心中立即有了数：这两盆石榴花，是周总理送的；这兰花，是朱德元帅送的；这石角松，是彭真副委员长送的；这株罗汉松，是陈毅元帅送的；这凤尾竹，是廖承志、廖梦醒送的；还有这十棵大石榴树、八棵大白玉兰树……

见安茂成略有踌躇，一边的张珏有些急了，忙问道："小安，你放心，办这件事，要车有车，要人有人，都会派给你调配。只是你大约什么时候能够办完呢?"

由于安茂成每天奔波于天坛公园、北海公园、旅游局，对这些花卉盆景目前的所在位置都大致有印象，为了尽量满足宋庆龄的要求，让她尽早从种种不愉快的阴影中摆脱出来，他当即坚定地表了个态："明天早上，全部追回。"

当下，安茂成就马上打电话给机关事务管理局，向侯春怀局

长汇报了此事，转达了宋庆龄副主席的要求。在电话线那端的侯局长一听，很高兴，也立即指示道："小安，你就放心大胆地追回吧。不要光拉这些，只要是漂亮的，也都拉，多拉一些。只要首长高兴，你只管拉就是！"

在那个视养植花卉为资产阶级情趣的年代里，安茂成能得到与他同样无私无畏的领导大力支持，他的心里充满了感激与感动。从此，共同的语言与为人，使安茂成与侯春怀局长之间结下了深厚的友谊，成为了好朋友。令安茂成痛心的是，这位好领导、好朋友在 1978 年因患肝癌而过早地离开了人世。当时，宋庆龄还特意送了花圈。

且说第二天，安茂成就起了个大早，带上侯局长特配的两辆大卡车与八位警卫战士，就奔向天坛公园与北海公园等地方开始了寻找。整整两天的努力，他终于把所有丢失的花卉盆景都找了回来，其中有宋庆龄喜爱的那棵已有二百多年历史的老石榴，朱德总司令赠送给她的兰花，彭真送给她的外国松，斯诺送给她的梅花、碧桃、一品红等，整整装了满满两卡车，于第三天上午，在警卫战士的护送下，于午饭前运回了后海的家中。

安茂成不待片刻休息，与警卫战士们一起卸了车，然后根据原来摆放的位置，把这批花卉盆景逐一放回原处。虽说北方初春的天气仍寒意十足，但劳动的汗水却把安茂成的内衣都已濡湿了，额头上沁着涔涔汗珠。

下午，宋庆龄闻讯下楼来了，尽管她为避免阳光的照射而戴着一副墨镜，但仍遮掩不住脸上那喜悦洋溢的欢笑。她逐厅逐室地观看着，高兴地欣赏着，气色特别好，好像在告诉大家：我胜

利了！我并没有像外面传说的那样承受着政治上的软禁，而是像以往一样过着幸福的生活。

宋庆龄对花卉热爱的程度，廖梦醒最清楚。1976 年 3 月 9 日，宋庆龄在她亲笔写给廖梦醒的一封信中，有如下的一段话：

> 昨天，当看到你和罗大姐送来的花束时，我从床上跳了起来，尽管皮炎害得我身上涂满了油膏！你们真的太棒！那些可爱的花蕾的芳香和美丽，使我忘了深奥的奇痒。万分感谢你们的好意！
>
> 我很高兴你们没有把它们放在花篮内，因为我有花瓶和花钵，可以随心所欲地自己来插花。

现在，宋庆龄日夜思念的花卉盆景全部追回来了，她怎么会不喜形于色呢？她转过身，向一边的安茂成露出了不无感激的微笑，并连声向一边的秘书吩咐道：“快，小安累了，马上给他点吃的，拿汽水面包，他饿了。”

安茂成是个有心的年轻人，他知道宋庆龄怀念孙中山先生，当秘书从上海寄来了托人从广州孙中山先生故居带回的人参籽之后，由于当时自己并不熟悉这类植物的栽培方法，所以不知花费了多少的心血和精力，才终于在院子里栽培成活了。宋庆龄从上海回到北京后，意外地发现了安茂成苦心努力的成果，不由惊喜地问道：“小安同志，你知道这叫什么？”

“我们叫它土人参的。”

“太好了！这是中山故居的呀！”当时，宋庆龄那满脸绽放的笑容，安茂成至今仍记忆犹新。

北京寓所的专职司机是刘凤山。当时，宋庆龄坐的是一辆苏联产的吉斯车。别看这辆老式的吉斯车，还是当年斯大林送给中国领导人的，共五辆，宋庆龄配给到一辆。据安茂成介绍：这辆车的发动机为直列 6 升，手动变速，外观典雅古朴；车体大，三排座；长约 6 米，车重 4 吨，外形与现收藏在军事博物馆中的毛泽东乘坐过的吉斯车相同，只是没有防弹装置。

作为国家元首的高级轿车，吉斯车内空间宽敞，底盘较低，乘坐很平稳、很舒适。从 20 世纪 50 年代初到 60 年代末，宋庆龄一直乘坐这辆吉斯车，也一直由刘凤山司机驾驶。直到 1969 年 3 月 9 日，周恩来总理将一辆洋溢着时代风采和民族风格的国产红旗 CA—772 高级轿车配给了宋庆龄后它才退休。从此，国产红旗车就替代了老式吉斯车。如果说吉斯车体现的是古典的美与庄重，那么红旗车则更多地洋溢着现代东方神韵。宋庆龄对这辆充满着民族自豪感的轿车情有独钟，亲自选定颜色和布料，制成车窗帘，挂在轿车中。

红旗轿车采用 V8 发动机、自动排挡真空转向器等先进技术，造型美观大方。看到我国自己能建造如此先进漂亮的高级轿车，宋庆龄非常高兴，从此以后就一直使用红旗轿车，直到逝世。

据宋庆龄的专职司机刘凤山介绍：20 多年内，除红旗轿车因电瓶质量问题在地安门熄火一次外，再没有发生过任何纰漏。

刘凤山曾亲耳听宋庆龄说过，她也非常喜欢汽车，并且在年轻时代就学会了驾驶汽车。这一点，在宋庆龄1966年4月10日复函黎照寰，反驳陈望道对孙中山的批评、回忆孙中山往事的一封信中有所披露：

“杨仙逸博士用他以前从檀香山买回来的美国零件，制造了第一架飞机。因为孙传芳当时试图收买我们的司机杀害我们或把我们送入他们的圈套中，所以为保卫孙博士，杨仙逸教我驾驶汽车，为此我永远感激他（我因此而成为从法租界获得驾照的第一个中国妇女）。”

刘凤山更清楚地记得，在刚为宋庆龄驾驶轿车时，出于内心对宋庆龄的敬仰，总免不了紧张，尤其是遇到堵车时会急得满头大汗。每当这时，坐在后排的宋庆龄总会亲切地安慰他，让他不要着急，等一等，慢慢开。每次出车回来，宋庆龄在下车前，也总要向刘凤山表示她的谢意。有时还要拿出水果、点心来慰劳他。

刘凤山家有儿女好几个，随着年龄的增长，都到了参加工作的时候。但刘凤山一时给孩子找不到合适的工作。宋庆龄知道后，就帮助他先后给几个儿女安排了工作：儿子被选送去当了解放军；女儿被推荐到工厂当了工人。

如今，宋庆龄的这辆轿车已成为珍贵的历史文物，陈列在北京故居中，向世人展示。

20世纪50年代，宋庆龄的大部分时光是在上海寓所度过的。

这里面有四个原因：一是北京是她伤怀的地方；二是北京的风沙大、天气干燥；三是不适应北京的饮食习惯；四是后来她悄悄告诉周和康的，“住在北京一年不知要烧掉多少煤，给国家增添额外的支出”。

1963 年，宋庆龄在周恩来总理的动员下，同时考虑到上海寓所必须进行大修，才答应暂时去北京寓所居住一段时间。

周和康清楚地记着宋庆龄前后四次居住在北京的时间。

1963 年 4 月 1 日早晨 7 时，宋庆龄到龙华机场乘专机离开上海前往北京。随行的人员有黎沛华、张珏、隋学芳、钟兴宝、安培廉、马景顺、小卢，并第一次带上了隋学芳的两个女儿隋永清与隋永洁。

宋庆龄离开上海后，寓所的房屋即从 5 月起进行大修，一直到当年 12 月 15 日才全部完工。

1964 年 2 月 28 日，应斯里兰卡（锡兰）总理班达拉奈克夫人的邀请，宋庆龄从北京出国，前去访问。回国后抵达昆明休息，于 3 月 8 日从昆明乘飞机回上海，于当天中午 11 时 11 分抵达机场。上海市党政领导人陈丕显、曹荻秋和各界代表 3000 多人到机场迎接。不等休息片刻，宋庆龄就立即乘车回到了家中。

这次回家，宋庆龄一直在上海居住了半年。

半年后，在当年的 9 月 1 日，宋庆龄乘坐 406 号专机前往北京继续“上班”。然而，她只在北京工作了 4 个月，便于 1965 年 1 月 5 日中午乘专机回上海了。

1965 年 9 月 1 日，宋庆龄乘专机离开上海前往北京，秘书黎沛华与接替黎沛华工作的刘一庸、女佣钟兴宝随机同往。周恩来总理等到北京机场迎接。

1966年，是孙中山先生的百年诞辰，宋庆龄因有许多事要在北京完成，再加上特别繁忙的工作，致使她“每天如果不开会要花八九个小时看东西”（见宋庆龄1966年8月24日致函格雷斯·格兰尼奇），所以不得不暂时放弃了回上海的打算。

这年的6月1日，《人民日报》发表了一篇《横扫一切牛鬼蛇神》的社论，一场史无前例的“文化大革命”就此拉开了序幕。

1966年8月18日，毛泽东在天安门城楼上首次接见红卫兵。林彪在天安门城楼上的讲话中，第一次提出“破四旧”。次日清晨，席卷全国的“破四旧”运动开始了！

1966年12月28日，在张春桥的指使下，王洪文等造反派制造了上海康平路武斗事件，在全国开了武斗夺权的先例。全国大规模的武斗开始了。

就在这时，北京与上海的一些不明真相或别有用心的“革命造反派”与红卫兵，开始向宋庆龄发出一支支莫须有的明枪暗箭。一些无聊又无耻的西方报刊，也乘机重提有关宋庆龄私生活的一些陈词滥调，向宋庆龄泼来了一桶桶污黑的脏水。年轻冲动的红卫兵在林彪“破四旧”的叫嚣蛊惑下，在全国发出了要求所有妇女剪除传统头发（髻）的口号，作出了相应的举动；就连尚不谙人事的小朋友也向宋庆龄写来了稚嫩的信，要求“宋奶奶快剪掉那一头代表资产阶级形象的头发”。

宋庆龄对此表示不理解，并在邀请廖梦醒及其女儿李湄和魏

璐诗到北京寓所吃午饭时，谈及对红卫兵要求所有妇女剪短头发表示不理解，她说：“我不要剪头发。”

机敏的周恩来总理看在眼里，急在心头，他借1966年8月30日毛泽东复信章士钊、并对红卫兵抄章士钊家之事作出批示之机，开列了一份应予保护的干部名单，其中宋庆龄名列第一。

但红卫兵们并没因此有所收敛，公然放出了要捣毁孙中山铜像和冲击宋庆龄寓所的过激言论。

9月1日，周恩来总理在对首都红卫兵讲话时，针对红卫兵这种过激的言论强调指出应当尊重宋庆龄。他在讲话中说：

> 宋庆龄是孙中山的夫人。孙中山的功绩，毛主席在北京解放后写的一篇重要文章《论人民民主专政》中就肯定了的。他的功绩也记在人民英雄纪念碑上。南京的同学一定要毁掉孙中山的铜像，我们决不赞成。每年“五一”、“十一”在天安门对面放孙中山的像是毛主席决定的。孙中山是资产阶级革命家，他有功绩，也有缺点。他的夫人自从和我们合作以后，从来没有向蒋介石低过头。大革命失败后她到了外国，营救过我党地下工作的同志，抗日战争时期与我们合作，解放战争时期也同情我们，她和共产党的长期合作是始终如一的。我们应当尊重她。她年纪很大了，今年还要纪念孙中山诞辰一百周年，她出面写文章，在国际上影响很大。到她家里贴大字报很不合适。她兄弟三人姐妹三人就出了她一个革命的，不能因为她妹妹是蒋介石的妻子就打倒她。

> 她的房子是国家拨给她住的。有人说："我敢说敢闯，就要去"。这是不对的，我们无论如何要劝阻。(《周恩来选集》下卷，人民出版社 1984 年 11 月第 1 版，第 451 页)

宋庆龄总以为有周恩来总理的讲话和保护名单的维护，便可以躲开上海造反派们的冲击了。但她万万没有想到的是，1967 年新年刚过，她还是遭到上海造反派们残酷无情的打击。

10. 造反风波

> 安茂成是北城组的讨论组大组长，他首先表态：“像我这样的人，能在宋副主席身边工作，是非常荣幸和值得骄傲的。要在旧社会，像我们这样的身份，只怕连门也踏不进。”张珏秘书当场作了记录，并在事后向宋庆龄作了汇报。宋庆龄对安茂成的发言表示满意。

1967年1月间，宋庆龄父母在上海万国公墓的墓地被冲往上海的农民造反派全部砸烂与捣毁：除了墓盖、墓碑、石栏等地面建筑均被拆毁外，宋氏父母的遗骨也被挖掘出来，扔得四处都是。

周和康获悉后，心急如焚，顶着巨大的风险，一个人趁着夜幕的遮掩，来到万国公墓，拍下了宋氏墓地被毁的照片，并于第二天加急冲洗放印出来后，于第三天以特快邮件方式寄往了北京。

宋庆龄看到周和康寄来的被砸毁的宋氏墓地的照片后，心痛如割，老泪纵横，呜咽出声。据钟兴宝回忆，她跟随首长二十年，还是第一次看到她这般伤心的样子，听到她失声的痛哭呢！

痛定思痛，宋庆龄立即派人把廖梦醒召到北京寓所，让廖梦

醒看了照片，然后含着眼泪呜咽着请廖梦醒立即把照片及她亲笔写的一封信，一并转交给邓颖超。

邓颖超接到宋庆龄委托廖梦醒转来的照片和信件后，震惊之余，遂于3月13日致函廖梦醒：

> 据了解，在一月中旬到二月上旬期间，上海六十二个公墓均受到不同程度的破坏，甚至烈士墓园也波及，在被劝阻后才未扩大……上海方面已将宋副主席父母坟墓现场所拍的照片送来，现送上请转宋副主席。除已将她前次的酌情处理意见告知上海方面，在她看了现场照片后，是否可提出处理的意见，望告。我和恩来同志看了后，我们有这样一个设想：因为遗体和遗骨已经又需要埋入墓穴了，是否就在墓穴上面加工覆盖好。墓碑并没破坏，仍照旧保留，只把碑文的下款立碑人的名字磨掉，改刻宋副主席一个人的名字。如果把遗体和遗骨挖出来火化，恐难挖全。究竟如何，请宋副主席考虑。（摘自《宋庆龄年谱》下册，广东人民出版社2006年8月版，1715页）

廖梦醒接到邓颖超大姐的亲笔信和随信夹寄的上海方面转来的有关宋庆龄父母遗骨重新拣入墓穴的现场照片后，立即来到后海，把它们交给了宋庆龄。

一向宽宏大度、以大局为重的宋庆龄接受了邓大姐的建议。

墓地很快被修复完善，重立墓碑上仅刻宋庆龄一个人的名

字。对于周恩来总理在困难的时刻为她做的这件事，宋庆龄表示十分满意与理解，永生不忘。

宋氏祖墓被砸毁案惊动并提醒了周恩来总理，在周总理的亲自关注与指示下，上海驻军于 1967 年 9 月对安葬有众多革命烈士的万国公墓实行了军事管理。

这时，在北京寓所里，还是有部分工作人员受“文化大革命”的影响，在家中开始不安分起来。这从《宋庆龄年谱》下册第 1719 页中的记述可见大概：

> 是年（1967 年），为了确保宋庆龄的住地安全，周恩来曾经派人到宋庆龄的住地，向工作人员传达他的指示：不出去参加运动；不参加群众造反派；安心工作，为宋副主席服务好。但仍有部分工作人员，违反指示，参加了造反派，对宋庆龄的服务也不尽心尽力。这些人称宋庆龄为资产阶级，宋听后气得胃痛。宋庆龄的老秘书黎沛华和新来的秘书刘一庸也因出身不好，受到造反派的斥责，不敢再陪宋庆龄共用午餐，不久便都回了上海。宋庆龄寓所所铺的地毯，也被诬为资产阶级方式被卷了起来；院内的许多匾额被摘；室内挂的名画也被取下，改挂语录。在这种情况下，宋庆龄不再从二楼卧室到楼下用餐。她报经周恩来总理同意后，急电从浙江大学调张珏来京任她的秘书。周恩来还指示调走了造反的警卫秘书，另派专人负责宋庆龄的安全，并每晚配两名武装警卫值班，直到 1968 年新警卫秘书杜述周到任。

这里提到的“造反的警卫秘书”，便是作者在《宋庆龄与她的卫士长》一书及本书中多次提到的“S 警秘”。

北京寓所里的不安宁，直到毛泽东主席在 1967 年 8 月 2 日向国务院机关事务管理局专门作了批示，才平息下来。

毛泽东的批示全文仅两句话：

对李、宋的家庭事务，不得干涉；对外来的客人，给予正常接待。(李指李宗仁，宋指宋庆龄)

国务院机关事务管理局立即召开所有在京的“四副两高”家的工作人员大会，传达了毛泽东的批示，要求每个工作人员对照自己的言行，作出检查、对照与改正。

安茂成是北城组的讨论组大组长，他首先表态：“像我这样的人，能在宋副主席身边工作，是非常荣幸和值得骄傲的。要在旧社会，像我们这样的身份，只怕连门也踏不进。”张珏秘书当场作了记录，并在事后向宋庆龄作了汇报。宋庆龄对安茂成的发言表示满意。

新任职的警卫秘书杜述周，1927 年出生在山西省晋城一个贫穷的农民家庭里。他 18 岁参加革命，因念过两年书而被区政府挑去当秘书。全国解放后，组织上又任命他为晋城市委秘书。1954 年，他被调到国务院机关事务管理局服务处工作，负责接待

各省市来京办事的领导。

杜述周到任前几天，管理局军代表赵伟找杜述周谈话，说邓颖超大姐准备让他到宋庆龄副主席身边当警卫秘书。杜述周既激动又紧张。1968 年 5 月 8 日上午，赵伟带杜述周来到宋庆龄的寓所。他们刚在一楼小客厅坐下，宋庆龄便微笑着迎了过来，和他们一一握手。她态度和蔼地对杜述周说："杜同志，欢迎你来这里。希望你同其他同志一道好好工作。"

随后，工作人员向杜述周宣布了"警卫秘书工作二十一条职责"。

杜述周立刻意识到宋庆龄对工作要求的严格与严谨性，他暗下决心，一定不辜负党中央对自己的期望，努力干好工作。

当时寓所内的分工情况是这样的：宋庆龄的贴身文字秘书张珏负责为宋庆龄起草文件及照顾饮食起居；杜述周主要负责警卫和对外联系、对内接待工作。

5 月 23 日，在经过十几天对杜述周的暗中考察、并对他有了初步的好感与信任后，宋庆龄在并没事先通知杜述周的情况下，果断地指示工作人员，把家里原已卷起来的地毯重又铺展开来。同时，她传话给杜述周："我有什么缺点，你们提出来我就改。"

尽管当时全国上下被轰轰烈烈的"文化大革命"弄得是非颠倒，但这位新来的警卫秘书的头脑还是清醒的，他无声地支持着宋庆龄，维护着家中的正常生活秩序。

当时在北京市园林局里有个不成文的规定：凡是宋庆龄等

“四副两高”家里需要的花卉盆景，要什么就给什么，要多少就给多少，而且全部免费供应：天坛公园是这样，月坛公园是这样，西城园林管理局也是如此，三大队更是全力以赴地支持。

对于北京市园林局下属各部门平时的支持与帮助，宋庆龄心里明白着呢。一次快过春节的时候，宋庆龄特意举办电影招待会，把这些领导请到了寓所，三大队的队长也来了。当他们踏进这块神圣而几近神秘的地方时，那种高兴劲呀，难以言表。

1972 年的一天，要调安茂成去平罗县的五七干校劳动学习，而且刻不容缓，第二天就启程。

军令如山倒，安茂成岂敢怠慢？尽管当时他家中已有两个孩子和年过六十的父母、年逾八旬的祖父母需要他照顾与抚养。

然而，就在安茂成准备出发的时候，钟兴宝下楼找到他说：“小安，首长找你。”

宋庆龄在楼下的客厅里接见了安茂成，她示意安茂成坐下后，开门见山地说道：“小安，他们已取消了让你去五七干校的决定。你就放心吧，我不发话，他们谁也调不走你，好好工作！”宋庆龄短短几句话，顿时使安茂成如释重负，感激的泪水在眼眶里直打转。他发誓一定要竭尽全力地工作，为首长服务好；也从此开始了在宋庆龄身边的工作。

他们在京有家室的工作人员与上海的工作人员有所不同，每天下班后可以回家与家人团聚。但安茂成几乎没有休过星期天与节假日，他每天总是提前上班，最后一个下班。有时遇到家中设宴，或有宾客来访，他夜里 10 时或 11 时下班更是常事。

一次，因单位来宾客，下班晚了些。当安茂成骑着自行车一

“文化大革命”期间，宋庆龄北京寓所部分工作人员在院中假山前合影（前排左起）：黎传、刘凤山、杜述周、钟松年、李某；（中排）：小杨、张有；（后排高处）：安茂成、顾某

路紧踏慢踩往家里赶的时候，远远地望见在暮色中，自家院子那根大烟囱上面竟爬着一个孩子。定睛一看，天呀！竟是自己的小儿子安涛呀！他居然趁妈妈上中班、爸爸没下班时，一个人爬到高高的烟囱上玩耍！顿时，安茂成吓得眼前一片漆黑，两腿发软，差点从自行车上跌下来。但他又不敢高声吆喝，生怕惊吓了安涛，弄巧成拙。所以他一路上屏住气，悄悄地推门进屋，然后又悄悄地爬上烟囱，猛一把揪住儿子拖了下来，然后又一脚把儿子踢倒在地，含着泪花喝令他跪下："我宁可打死你，也不让你摔死！说，下次还敢吗？"直到儿子一再讨饶认错方才罢休。

女儿八岁那年，因缺吃少穿，患上了贫血症。一天，安茂成正要上班，发现女儿脸色煞白，躺在那里直叫头晕，到后来干脆连叫她也不吭声了。安茂成不知女儿得了什么病，急得背起女儿就冲出家门，一边流眼泪一边直往北京医院奔。

是专为宋庆龄看病的顾承敏大夫接待了他们父女俩。经诊治，这才知道，他女儿患了贫血病。他一颗悬在半空里的心这才稍稍放下了些。

1969 年是家中不平静的一年，也是宋庆龄生活较艰难的一年。

大院外无休止的政治学习与游行，扰乱了家中的正常生活秩序。这从宋庆龄 1969 年 4 月 22 日写给远在陕西的靳山旺的那封信中可以得到佐证：

"今年我身体不太好，已快有四个月没下楼！时常关节痛、

发荨麻疹。近来发高烧，血压高。兴宝有胃肠病，不能工作。现在找一个洗衣服的女同志，可以省许多麻烦。

“这里的服务员同志，特别是小张（张有）忙得很，差不多天天要去参加管理局的会议、游行等。这里的警卫同志也调换了。老钟已退休，他的大儿子下放到青海去了。老刘（刘凤山）有病，快要住到医院去动手术。”

这样的情况直到1972年还没改观。

这也可从宋庆龄那年5月26日写给廖梦醒的信中得见一斑：

“你在信中说，我没有派服务员去你家取芒果。你误会了！我是派不出人去取，因为他们都忙于学习、参加会议。此外，所有老服务员都已经走了，现在完全是一套新来的人马。他们连沏茶和端饭上菜都不会，正在教他们如何打扫房间。麻烦真是不少，有时甚至还会闯祸。虽然小张（张有）还留在这里，但厨房里的事已经够他忙的了。司机（刘凤山）说，只要我在家，他就不能离开。你又住得那么远！”（以上括号内的姓名，是作者加注的。）

令宋庆龄哭笑不得的是，在当时政治高压的态势下，北京寓所里的用人、用什么人都受限制。这从她1973年4月30日写给廖梦醒的信中也可见一斑：

“我十分重视与北京的朋友共度五一劳动节，可惜我的健康状况不允许我远行。还有我那个能干的保姆钟兴宝，她跟随我二十年了，最近因患肠内疾病，我不得不送她回老家去。在那里她的亲戚可以照料她。由于她很能干，待我也很好，所以她想要的和需要的东西我都给了她。现在找一个好保姆很困难，因为公安

1980 年 4 月 27 日，宋庆龄与北京寓所的部分工作人员合影

（前排右起）：杜述周、宋庆龄、张珏、黎传；（中排右起）：顾金凤、钟兴宝；（后排右起）：北京饭店厨师、刘凤山、张有、刘玉宝、北京饭店服务员、安茂成、北京饭店服务员

部门要求的条件很难达到。他们甚至给我派来了一个‘三寸金莲’，谢顶的山东大娘！但他们说她成分好。难道一个人还得为她的祖先负责!”

11. 廉洁奉公

经过长期的实践与摸索，安茂成的瓜果蔬菜栽培技术提高很快。他在院中与北山上种植的蔬菜和瓜果，长势特别好：每年，他栽种的蔬菜如大水萝卜、辣椒、倭瓜等，北京寓所里吃不完，宋庆龄还要装箱空运回上海寓所去，让那边的工作人员分享。有一年，他栽种的南瓜中，有一只竟达三十多斤重！

有关宋庆龄一生廉洁勤政、节俭奉公的故事，在大量史料中都有记载。这里只披露几件至今仍健在的周和康、安茂成两位老人所提供的亲历往事。

周和康老人在他的题为《追思往事忆深情》的文章中有以下记述：

“首长领取国家最高的一级工资，每月是579.50元，由国务院机关事务管理局按月从北京汇来上海银行，我按月持汇款单从银行取款。款子取回来后，就装在大信封里封好，送呈首长签收。她家里的日常开支，都交由我掌管。我每月定期把账簿送上，请她审阅，然后由首长亲自签名认可。她对账目审得相当仔细。我记得在1963年1月17日，首长在寓所中接见了锡兰总理

班达拉奈克夫人。事先，首长曾嘱我从友谊商店购买了送给锡兰外宾的礼品。在2月份的账簿审阅中，她发现送给班达拉奈克夫人的礼品开支，中国绸缎共计293元，并没有列入她的费用开支账内。她就嘱我到客厅里谈话。她说：‘周同志，上次送给锡兰总理的礼品，是我私人送的，尚留下几块绸缎，也是我今后送人用的。这些费用，由我支付，当时向你交待得清清楚楚的。你为什么没有列入费用开支?’

“我怀着紧张不安的心情回答道：‘首长说的完全是事实。可是秘书对我说，这些礼品费用，按照规定，可以由公家报销，所以，我就没有列入家用开支账内。’

“首长立即神情严肃地对我说：‘周同志，这样做是错误的。一个人做事要论理、论法，公就是公，私就是私。这样公私不分，就是贪污行为。如果不要我自己付钱，除了送给锡兰总理的礼品外，留在家中的几块绸缎，请你全部拿去，退还给友谊商店。’

“我立即表示，一定遵照首长的指示办理。她的脸上这才露出了宽慰的笑容。

“从这一件事情上，可以看到，首长在原则问题上是决不让步的。即使是一些小事，她都能以身作则，严于律己。例如她每天看的《解放日报》、《文汇报》和《参考消息》，都是由她自己掏钱订阅的。1964年4月，她送给锡兰总理班达拉奈克夫人的四幅护膝套，也是她自己掏钱支付的。首长奉公守法、公私分明的崇高品德，为我们树立了光辉的榜样。

“首长公私分明，从来不肯让公家多花一分钱。李姐和保姆钟兴宝的每月的工资，自始至终都是她自己掏钱支付的。家里的

日常开支和伙食费用，很注意节约。1966 年以前，每年冬天来临，她都是在上海家里居住过冬的。开始我们还以为她在北京过冬不习惯，记得有一次，首长对我说：‘周同志，侬可晓得，北京寓所冬天取暖一个月的用煤量，就足够我们上海家里整整一个冬季用了。所以，我在冬天就住到上海家里来，这样可以多节约一些煤炭。’听了首长的这番话，我们这才清楚，原来首长是为了给国家节约煤炭才这样做的。

“首长的日常工作是繁忙的。她每天清晨四五点钟起床，稍微活动一下身体，就开始了一天的工作。如接见国内外知名人士，阅读文件，撰写文章，用英文打字机打稿件或给亲友写信，批阅人民来信，以及按月定期向居住在国外的亲友寄送《中国建设》等杂志。即使是星期天，也有很多事情要处理……”

从周和康所说的这些小事上不难看出，宋庆龄在原则问题上是绝不含糊的，小中识大，见微知著，是非分明，原则性强。她一身正气、正直诚实的处事原则，是她光辉一生的写照。用高山仰止来形容她，在周和康的心目中是再恰当不过的了。

宋庆龄克勤克俭、廉洁奉公的崇高品德，为家中所有的工作人员树立了优秀的榜样，她不愧为永放光芒的国之瑰宝。

再摘录一段宋庆龄北京寓所管理员安茂成老人所写下的题为《一定要节水节电》的回忆录：

宋庆龄同志居住的院子十分宽敞，各式的吊灯、壁

灯、台灯、路灯数量不少；大大小小的水笼头也很多。注意这些水电设备的消耗节约，是宋庆龄十分重视的问题。

要求大家做好的，不论是多小的事情，宋庆龄都是首先带头，做出表率。不论是卧室的吊灯、台灯，书房的顶灯、地灯，办公桌上的台灯，还是卫生间的壁灯，她总是做到随手关闭，人走灯灭。水笼头也是一样，凡经宋庆龄同志拧过的总是做到滴水不漏。大家在首长的带动、要求下，也都养成了随手关灯、节约用水的良好习惯。

庭院前有一片绿茵茵、油亮亮的草坪，宋庆龄同志常在这里散步、做操，和孩子们做游戏。为了保护它的清新、鲜嫩，需要定期给草坪浇些水。

有位粗心的年轻人，有时把笼头一开，任水溢流，他却不知跑到哪儿看书学习或忙别的工作去了。

有一回，宋庆龄同志正好出来散步，发现水笼头上接着长长的胶皮水管甩在草坪上，管口的水哗哗流淌着，已经浇遍了草坪，溢到了不远处的南湖中去了。宋庆龄马上请保姆把浇水的青年找来。

小青年急急忙忙地赶来了，先趟了一脚的水，把水笼头关了，然后红着脸说："首长，我、我忙别的去了，把这儿给、给忘了。"

老人家理解地点点头："我知道你很忙，闲下来还抓紧时间看书学习，这都是应该肯定的。可是今后千万

注意，不要让这宝贵的地下水资源就这么白白地浪费掉。”

“首长，我一定注意！”

“心里要有本账，虽然祖国地大物博，自然资源十分丰富，但节约水源、能源这些资源是关系到造福子孙后代的大事情。要人人重视，决不能当败家子。”老人家想得远，谈得深。

“你放心，首长。我都记住了。”小青年脸上一阵红，一阵白的，认真点头称是。

事后，宋庆龄担心青年人忘性大，还不止一次请保姆提醒那个青年人随时掌握好浇灌草坪的水量，再不要发生大量清水流进南湖的现象。

宋庆龄自己节约用水的事情，却在工作人员中传为佳话。

老人家是十分喜爱洁净的，但她患有皮肤病，大夫嘱咐要经常洗澡，配合治疗。按说，这对宋庆龄来说是不成问题的事，可她考虑到多洗澡就要多用水，特别是要烧热水，既用水，又烧煤，总觉得心中不忍，每周两次澡只洗了两个月，就请保姆问烧锅炉的同志：烧一次洗澡水到底要用多少斤煤？锅炉房的同志深知首长怕烧煤太多，不肯洗澡，就瞒着她，把每月用四五百斤煤少说成二百斤，心想她老人家这下就应该多洗几次了。可宋庆龄仍觉得太浪费了，于是坚持一个星期只洗一次澡，而且还是等警卫战士们洗过后，她才用一小部分热

水洗一洗。

对自己这样严格要求，可对工作人员她就十分慷慨了。有时候，警卫战士们和工作人员干了一些体力消耗大的工作，她总是叮嘱秘书，给他们特意加烧一次热水，让他们干完活儿好好洗洗澡，清洁清洁，也解解乏。这种加热的热水，她从来不肯用一点，总是让同志们节约着用。

大院一进门不远的地方，有一棵三百年的国槐，槐叶垂地，英姿勃勃，三个人才能搂过来。宋庆龄非常喜欢它，说它像一只展翅欲飞的凤凰。她不止一次地跟大家说：这是国家的宝贝，少见的国槐，人人都要爱护它。

有一次，一位同志没有经过任何人的同意，就擅自去掉了国槐的一些枝叶。老人家很生气，严肃地说："我们住在这里，是党和国家对我们的信任、照顾，这里的一草一木都是人民的，我们没有任何权力损害它们，只有维护的义务和责任！今后，这里的一草一木，任何人也不准乱采乱伐！"

大家见老人家为一棵树这样生气，才知道老人家的心是多重！才明白首长是如何对待她的公寓。她从来没有把这个"家"当做私有财产，而是时时记着居住在这里是党和政府的一种信任与照顾，自觉地维护着这里的一草一木。

这种事情，后来再没有发生过。

节电、节水、节煤、爱护国家的资源、财物，这些都是宋庆龄从大处着眼、小处着手做出表率，严格要求大家做到的。

大的开支方面，宋庆龄是极为认真的。

当初，党和政府采纳了周恩来总理的建议，把这所历史遗留下来的古宅作为宋庆龄同志的公寓，又特意建造了一座新楼之后，宋庆龄搬来了，见到这座新的建筑后，心里十分过意不去，多次念叨："党和国家为我修这个房子，花钱太多了，太多了！真是的，真是的！"

住进来之后，她严格禁止一切土木建筑。过去遗留下来的长长的回廊年久失修，早该重新修整油饰了，但老人家始终不同意。一直到后来，她感觉自己不久于人世的时候，考虑到国家需要把这座建筑、这个院落保留下来，考虑到对外友好交流的需要，特别是担心那些中央首长、外国朋友赠送的大批名贵的花卉毁掉，才在申请修整花房的计划上签了字。

在周和康老人的题为《平凡简朴的生活》一文中，也有类似的回忆：

宋庆龄的衣服穿着既讲究又朴素大方，注意节俭。在接待贵宾的重大活动中，由于她是国家领导人，代表着一个国家的形象，穿着当然要讲究，理应挑选质量好、款式大方高雅的衣服。但在接见会客之后，她又马

> 上换上家常便服。她平时居家，爱穿全棉的布衣布鞋，夏天爱穿香云纱的衣服。在这些衣服中，有不少还是保姆钟兴宝替她改做的，有的由旧翻新，有的为了加宽，从两侧夹缝中镶嵌长长的一条而成，一般来说是很难察觉的。那些见客时所穿的西式服装是我委托友谊商店张师傅做的。中式衣服是上海服装商店周坤福师傅做的。
>
> 平时，宋庆龄每天早晨五时左右起床，洗漱用具俭朴简单，刷牙漱口用的是一只玻璃杯或铝制杯，不用牙膏而是牙粉——上海日化四厂生产的“宫灯”牌牙粉，还有一把猪鬃牙刷。洗脸用的毛巾是“钟牌”414 或丝光毛巾。她平时在家里并不化妆，即使是冬天，也只是在脸上、手上擦些杏仁蜜即可，这种普通的蜜和其他用品一样，都是我从第一百货商店买来的。她平时做衣服用的衣料，都是在上海第一百货商店或其他布店购买的。如果她住在北京，需要做衣服用料，总要写信给我，需要用什么衣料，嘱咐先剪些样子寄到北京去供她选择，然后就来信告知她决定购买的数量。

有关宋庆龄在服饰打扮方面的俭朴故事，杜述周也曾亲身经历过。那是 1978 年 5 月的一天，杜述周陪同宋庆龄到人民大会堂开完会后，宋庆龄说自己的身体有些发胖，想买件合适的衣服。他们来到友谊商店二楼时，宋庆龄看中了一套。但一看价格 3000 多元，她连连摆手说：“太贵，太贵，我们国家还不富裕，不能那么奢侈。”

一次，保姆钟兴宝对杜述周说：宋庆龄卧室的镜子两边裂了道缝。杜述周便提出给宋庆龄买新的。但宋庆龄却说中间是好的，还可以用。就连卧室的地灯灯罩，也是用旧窗帘布缝制的。由于各地寄来的信件她都要亲自拆阅，从不让秘书代办，回信时则亲自用洋浆糊再贴上邮票封上口，时间久了，她手上起了一层皮，才对杜述周说："杜同志，你看洋浆糊把我的手烧坏了。"杜述周这才马上告诉保姆用白面打点浆糊让她用。

至于宋庆龄日常的一天三餐，在周和康的回忆中已有叙述。能与周和康的回忆相对应的是，北京寓所的安茂成，也有着几乎与周和康一模一样的回忆：

> 首长的一天三餐极为简单，早晨是一杯牛奶或一杯咖啡、两片面包；中餐至多是三菜一汤，其中两个是素菜，一个是鱼块，一个鸡蛋汤或榨菜（咸菜）肉丝汤；晚餐与中餐也是大同小异的。就是这些菜，也大都是我在寓所院中栽种的。我在院子里栽种了大量的萝卜、菠菜、黄瓜、辣椒、西红柿、枸杞子、野菜等，还有老玉米。"文革"期间，由于造反派们不让养花，我就巧妙地把黄瓜、西红柿、辣椒等栽种在盆景里，光辣椒，一种就是四五十盆，既有观赏性，又有实用性。后来，首长就把这种红红火火代表着兴旺发达的辣椒临摹在了画稿上。
>
> 首长爱吃老玉米，一天要吃六个玉米，一片面包，

与一段鱼。鱼也是从南湖里钓到的，她每顿只吃那么一小段。晚餐也简单，只要一碗小米粥或一杯酸牛奶就够了。每顿剩下的菜，宋庆龄就全都让兴宝阿姨给了我。但我不能一人享用这美食，总是再分送给大家一起吃。

有道是业精于勤荒于嬉，行成于思毁于随。一份努力就有一份收获。经过长期的实践与摸索，安茂成的瓜果菜蔬栽培技术提高很快。他在院中与北山上种植的蔬菜和瓜果，长势特别好：每年，他栽种的蔬菜如大水萝卜、辣椒、倭瓜等，北京寓所里吃不完，宋庆龄还要装箱空运回上海寓所去，让那边的工作人员分享。有一年，他栽种的南瓜中，有一只竟达三十多斤重！

1969 年的多事之秋，仍是“十年动乱”高峰的时候，居然有造反派闭着眼睛说瞎话，拾起旧闻当牙慧，大造宋庆龄的谣，说宋庆龄曾有贪污贿赂的事。宋庆龄获悉后，即从上海致函杜述周，驳斥造反派关于她的谣言。函谓：

我去访问印尼时，听说是隋学芳同志向刘冀平交代多买一只外国照相机。隋同志在上海瘫痪后，他的房里的一切东西及这只照相机，老钟给他打包后，即全部运回沪给他。

造反派造了许多谣言，说他房里的东西都是我送给他的！他的衣服是几次跟我出国时公家给他做的，我没给他做过一次衣服，那架旧照相机是我送他的，不必取回。

在信中，宋庆龄还要求杜述周去隋家取回在印尼买的照相机，交给军代表丁江（摘自《宋庆龄年谱》下册1729页）。

上海刚解放后不久，陈毅市长很关心宋庆龄的生活，也了解到她的经济并不宽裕，就叫来了当时管理宋宅的老人陆天麟，给了他一包从银行刚取出尚未开封的钞票，叫他拿去给孙夫人开销。然而当陆天麟把钞票送到宋庆龄面前时，宋庆龄马上拒绝说："这怎么好收？不行，不行，我心领了，还是请侬赶快送回去，当面送回陈市长！"

20世纪五十年代，有别有用心的人为了诬陷宋庆龄，造了她不少的谣言。1952年1月，宋庆龄致王安娜的信中曾提及：

还有，在中福会内部也传播着有关我的流言蜚语，这令我震惊。说什么我总是收受承包人老罗的贵重礼物。我要讲清楚，我认识老罗已有多年，他事实上是个承包商，为我的亲戚朋友建造和维修房屋。多年来我们逢年过节经常互赠吃的东西，也就是些粽子、月饼、饼干之类，从没有什么贵重的东西。上次他送了我两瓶葡萄酒，我知道这两瓶葡萄酒很贵，就马上退还了给他。每个节日我总是回赠他价值相等，或是略多一些的东西。我的警卫员可以为我作证，因为安全的缘故，凡外面来的东西，他们都要仔细检查。他们也知道，既然他

> 不肯把礼物拿回去，所以我每次的回礼都比他送给我的要多。上次他老父亲病了，我把家里的高丽参都送给了他。那一斤人参论价钱比他送来的东西贵十倍还多。我把这些情况告诉你，是为了让你有个了解，然后把实情告诉那些传播流言蜚语的人。虽然我们之间有着世俗的亲戚关系，但我从未收受他的特殊礼物。我总是告诫他要抵制腐败。汤恩伯逃跑前夕，老罗家的房子受到炮火的严重威胁，全家人在我家住了两个星期。因我一时与外界隔绝，便有谣传他们要绑架我去台湾。老罗有辆吉普，又会开车。那时对我来说，无论哪个方面，他都是我的保护人。我一直告诫他要反对行贿腐败，一直很信任他。既然维克托等人证明他不诚实，那就说明我看错了人。
>
> 要是那样的话，我要求对他进行全面审查。让他因欺骗了我们，尤其是欺骗了我，而受到应有的惩罚。

毛泽东、周恩来、邓小平、乌兰夫、彭真等老一辈革命家都很关心宋庆龄的生活，曾前往北京或上海的寓所看望她。一次，宋庆龄提出想回上海看看，让杜述周请示周总理。周总理很细心地询问杜述周，宋副主席要带多少礼，需要国务院机关事务管理局做哪些工作等，并派总理的专机送她去上海（后来几次外出派的都是空军专机）。周总理知道宋庆龄很欣赏中国的传统工艺品，便送给她四幅湘绣大师的作品，宋庆龄很喜欢，把它们挂在二楼通往暖房的一间房子的墙壁上。在宋庆龄的北京寓所里，家具都

比较陈旧，没有一件成套的。中央领导多次想给她换新家具，都被她婉言谢绝了。所以在她的寓所里，最值钱的家什就是宋子文当年送给她的那架钢琴了。

在国家困难时期，宋庆龄的工资在国家领导人中属最高级别，每月579.50元。她时常用自己的工资帮助一些曾在孙中山身边工作过的家庭贫困的人员，或是她身边的工作人员。因而她的工资总是不够花。周总理得知后，批示国务院机关事务管理局，每月特批她300元补助。但宋庆龄不愿搞特殊，始终不要。一天，管理局的同志打电话让杜述周去取钱，因为那笔补助已累积到三万元了。杜述周立刻写条子请示宋庆龄：

首长：国务院通知让我们领您的补助，是让他们送还是我去领？

钟兴宝把纸条转呈给了正在卧室办公的宋庆龄。

不一会儿，宋庆龄的批示就又由钟兴宝拿下楼来了。杜述周见宋庆龄亲笔在纸条上只写了寥寥两句话：

杜同志，你替我谢谢国务院领导同志的好意，我的钱够花。

尽管经济上总是紧巴巴的不够用，但宋庆龄仍不向组织伸一下手。

1979年1月14日，因经济拮据，宋庆龄指示出卖上海寓所

中的物品。出卖的物品有：电唱机1个、显像管1个、衣服13件、船模型2个。当时由寄卖行估价，共计价值2500元。后来这事让上海市政府知道了，就由市政府机关买了下来，得以保存到如今。

行文至此，再来段小插曲：宋庆龄很重视隐私权。她从不让男性上她住所的二楼，更不让别人到她的卧室。只有保姆和她的好朋友邓颖超、戴爱莲在看望她时才可入内。就连她的保健医生也只能在卧室隔壁的房间为她诊治。她在北京与上海两地的寓所里时，若有事让杜述周或周和康办，就写张纸条按一下办公桌上的小铜铃，让隔壁的保姆兴宝阿姨通知杜述周或周和康。而杜述周与周和康若有事要办，也都是写条子请兴宝转呈宋庆龄的。

安茂成老人至今仍记得，当年宋庆龄寄给他的信函与写给他的纸条，在后面总会注明“阅毕销毁”的字样。有时遇到一些重要的、只能对他一个人说的机密事，钟兴宝手拿卷着的16开大小的白色的道林纸，找到安茂成，笑嘻嘻地对安茂成说：“小安，太太有条子，只写给你看的。”说着，她用两手指捏着纸卷，把有字的一面朝着安茂成慢慢展开，让安茂成看清楚上面写的内容后，就马上仍卷着收回去，上楼去交还宋庆龄了。

如今，在宋庆龄故居陈列室里，公开展示着这些纸条。

那么，社会上曾一度流传宋庆龄身后存有大量钞票的说法，又是怎么回事呢？

2007年第9期的《档案春秋》给我们揭开了这个谜底。回忆者是历任中共上海市委办公厅行政处处长、上海市人民政府机

关事务管理局副局长、负责处理宋庆龄寓所和孙中山故居行政事务的李家炽同志。作为宋庆龄处理行政事务的主要经办人，李家炽同志是宋庆龄生前最信任的工作人员之一。他的口述记录对于了解宋庆龄无疑具有珍贵的史料价值。

“1979 年 2 月间，宋庆龄要我为她保管 5 万元人民币。这件事情是这样的。

“1978 年 12 月 31 日至 1979 年 2 月 25 日，宋庆龄从北京回到上海，这也是她最后一次回上海。平常她住在北京的寓所里。她说，她去北京是上班，到上海是回家。”

“她这次来，一方面是想在上海过元旦和春节，另一方面她知道自己年纪大了，家里的东西需要清理。

“12 月 31 日那天，市政府秘书长张更平和我去机场接她。后来她说有些东西要我们帮助处理掉。一是她家里的十几件翡翠摆设，都是过去人家送的，看起来很漂亮很贵重；还有一大箱皮衣皮袍，虽然她没有说，但我们知道是孙中山穿过的。因为组织上一再交待，宋庆龄是国家领导人，对于她家里的事情，市委不好决定，要向中央请示汇报。所以我先向彭冲（时任中共中央政治局委员、上海市委第一书记）汇报。彭冲没有意见。我就找商业系统派旧货商店的人来估价。结果旧货商店的人看了以后说，这些翡翠全是假的，看起来很像样，实际是玻璃上面涂了颜色。至于皮货，有的地方已经发脆性，有的地方毛皮脱落了。最后一估价，假翡翠摆设只值几百元钱，皮货也只值一千多元。我们考虑，这些东西虽是假的，但却是孙中山先生的遗物，在宋庆龄家

中摆了几十年，即使没有商业价值，也具有文物价值。所以决定，这些东西不能轻易卖掉，由机关出钱垫付，东西暂时仓库保存，等将来再讲。后来听到宋庆龄一句话，她说：‘我以为这些东西能卖这个价钱的十几倍。’她这样说也不奇怪，因为她一直认为翡翠是真的，皮衣还是好的。

“宋庆龄之所以需要这笔钱，是因为经济上比较紧。虽然她每月工资有 500 多元，但她与海外亲朋好友来往多，开销大。‘文革’以前组织上为她提供一笔接待费，供她接待开销，但‘文革’之后她主动取消了，一分也不收。她坚持自己付保姆的工资，不让国家负担，包括保姆李燕娥的费用。除了这些开支外，她还经常拿钱帮助身边有困难的工作人员。我记得北京有一个工作人员叫小杨，家乡发洪水，房子冲倒了，她拿出 150 元钱给他，说：‘钱虽然不多，但愿能够帮助你一点。’……有一次，宋庆龄的生活费不够了，英文秘书张珏还帮她垫付过。

“中央得知宋庆龄的经济困难后，1979 年 2 月，叶剑英同志（时任中共中央副主席、全国人大常委会委员长）给彭冲写了一封信，决定由国家财政拨给宋庆龄 5 万元人民币，这件事情交给我办理。我带着叶剑英的信到财政局，王眉征局长、余勤副局长接待了我，他们已经接到通知了，就把钱交给我，并要我写个收据。

“我领了钱去看宋庆龄，她说：‘谢谢！钱我不管，由你去保管。给我刻个私章，用林泰（宋庆龄的化名）的名字来刻。今后我如果需要用钱，会有人带着我的信去你处。’

“我专门到市百一店刻了章，由刘友石篆刻。这 5 万元的拨款单我交待市委办公厅财务科存进附近银行。一直到 1981 年 5 月 29 日宋庆龄逝世，这笔钱也没有用完。‘林泰’这个章用的次数不多，有几笔开销，总共花了 1 万多元。

“此后，这笔钱由上海市宋庆龄故居纪念馆保管，并且再也没有动过。今年上半年，我到孙中山宋庆龄文物管理委员会开会，纪念馆在会上公布，根据 2007 年一季度的结算，连同利息，该账户上现有 7 万多元（其中包括近 30 年的利息）。”

12. 亲如祖孙

安茂成祖母逝世后没几天，张珏见到安茂成，欲言又止了好一会儿后，才轻轻地、带着几分神秘的口气对安茂成说道：“小安同志，有件事，我现在还不能告诉你。因为首长昨天夜里叩开了我的房间门，亲自对我说了，这件事，一定要等她百年之后再告诉你的。”

期间，因为有几个工作人员被先后辞退，他们原先的工作，就全部落到了勤劳能干的安茂成一个人身上。他除了担任绿化工与鸽子饲养员外，还兼任了锅炉工，有时还兼任服务员。北京寓所里除了一百只鸽子需要他饲养外，还得负责管理好一千多盆花卉盆景，分管包干好宋庆龄每天要遛达散步的院子里的那段长廊的清洁卫生工作，一天下来，真把这年轻力壮的安茂成给累趴下了。有时，他实在吃不消了，就躺在平坦的草坪上，稍微休息一下。

面对这位忠诚憨厚的年轻人，宋庆龄是看在眼里，记在心上。

1971年5月，安茂成的第二个儿子出生了，乐得他整天笑眯眯的合不拢嘴。不知怎的，这消息传到了宋庆龄的耳朵里。于是，就在这一天，钟兴宝来到楼下，笑嘻嘻地把一个小包裹送给

了安茂成，并叮嘱他回家再打开。

安茂成下班回家一看，原来里面包着一身婴儿穿的小衣服，一条小毯子，九尺给产妇用的花棉布。里面还夹着宋庆龄亲笔写的一张纸条：

小安同志：我恭喜你，又添了一个男孩！

宋庆龄

像以往一样，宋庆龄仍没忘在纸条的后面写上“阅后即毁”四个字。

这一晚，安茂成全家凝视抚摸着宋庆龄送给他们的衣物，几乎没有好好入睡。宋庆龄的关怀，令他们全家人感动不已。

春节过后没几天，一个午后，安茂成正在西山脚下的大石座边浇灌那棵宋庆龄情有独钟的老石榴。忽然，钟兴宝笑嘻嘻地走了过来，操着一口南方口音对安茂成说道：“小安哪，首长想给你养一个孩子，先叫我来问问你的意见。”

安茂成听了，不由吃了一惊：他知道宋庆龄欲帮他收养一个孩子，完全是想帮助他解决经济上的困难。因为当时安茂成的月工资只有 40 多元，而且还在上次加薪时为帮助宋庆龄解决家中的矛盾，主动把一级工资让给了厨师黎传。有关这件事，宋庆龄完全清楚。所以，现在宋庆龄主动向他提出了为他抚养一个孩子的要求。

但让宋庆龄花钱为安茂成抚养孩子，这怎么行呢？她老人家

年轻时的安茂成站在北京寓所那棵200多年的老石榴盆景前

已经收养了隋家两姐妹了，并且负担了她们十几年来的全部费用，如今安茂成再给老太太增加麻烦，这可万万使不得呀！

当时，宋庆龄的关心使安茂成的心头一阵阵发热，只感到鼻腔里一阵阵发酸。他抑制了一下自己的感情，对钟兴宝说道：“兴宝阿姨，真对不起首长了，我的工资真的够用了。请你谢谢首长。”

兴宝阿姨看了看这个憨厚质朴的年轻人，笑着摇摇头，似乎对安茂成的谢绝不可理解。要换作别人，那可是抢也抢不到的大好事呀！

宋庆龄听了兴宝阿姨的汇报，没多久便心事重重地下了楼，亲自来到了安茂成的面前，她沉思着，并似乎有些不高兴地说道：“你这个小安同志呀，要实事求是嘛。四十几元的工资，两个孩子，不好养呀。再说，还有老人，负担不轻呀！”见安茂成欲言又止，宋庆龄又马上制止了他的话，补充道，“你想说什么，这我懂，我懂！可我是中国福利会的呀！”

安茂成谢绝了宋庆龄的一片好意后，心里内疚了好几天，他实在不忍心再让已日夜为国家大事操劳的首长，为自己的家庭小事多操心。

星期六的傍晚，正当安茂成准备下班的时候，他发现情况有点不对头：他的自行车一直是放在锅炉旁边的一个背静处的，谁也不知道。可今天竟不知道是谁在他挂在自行车车把上的书包里，塞了满满一包的东西。

纳闷的安茂成连忙打开书包，只一看，他就惊呆了：原来里面装着两袋“红星牌”奶粉和一斤白糖！与捆在小包一起的上

面，还有张小纸条，打开一看，竟是宋庆龄的一封亲笔信，上面用粗粗的蓝墨水笔简单地写着六个大字：

“这是给孩子的！”

安茂成的心顿时就砰砰地跳了个不停，视线顷刻模糊了：首长怎么会找到我的自行车的呢？她怎么会想到把奶粉和白糖放到我的书包里去的呢？老人家，我的可亲可敬的老人家，您这一片慈母般的心、伟大的母爱呀，叫我安茂成这辈子怎么报答得了呀！两滴豆大的泪珠，顿时从安茂成的眼中夺眶而出。

按纪律，工作人员是不能随便接受首长馈赠的一切东西的，所以安茂成连忙拿着书包，找到了秘书，向她请教该怎么办。秘书听了安茂成的汇报，读了宋庆龄的亲笔信，当场就笑着说道：“给你的你就收下吧！”

这两袋奶粉与一斤白糖，又使安茂成夫妇激动了近半夜。安茂成的妻子杨翠玲激动地念叨着：“这位老太太呀，真是菩萨心肠！”

不久，当安茂成又把宋庆龄送给他儿子的同样一份礼品带回家、并向妻子表达了他忐忑不安的心情时，妻子不由埋怨他说：“你这个死心眼儿，难道你就不知道把自行车挪个地方吗？”

“挪过了，可还是没办法。逃不过兴宝阿姨的眼睛。”

最后，还是妻子有办法，向丈夫传授了一个既可以婉言谢绝首长的好意、又不再给首长增加额外负担的好办法。安茂成一听，感到这个办法真不错，就记住了。

第二天，安茂成在南湖的小桥上遇到了兴宝阿姨，便拦住她

年轻时的安茂成在北京寓所推煤烧锅炉

说："兴宝阿姨，请您转告首长，我们非常感谢她老人家！可是，我家的孩子不能喝奶粉，一喝就吐，哇哇的，结果那奶粉都让我给喝了。以后请首长别再费心了。"

钟兴宝听了先是吃了一惊，后来就无声地笑了，她指了指安茂成的鼻子，似乎说你在找借口呢，别当我猜不出来。

几天后，兴宝阿姨告诉安茂成说："首长听了你的话，半天没说什么，只是说小安同志很有心，很有心哪！"

1975 年 12 月 25 日圣诞节那天，宋庆龄按例在家中举办圣诞宴会，她请所有北京寓所的工作人员把自己家的孩子都带到寓所里来，做她的小客人。工作人员怕孩子多了吵吵嚷嚷，影响了宋庆龄的正常接待工作，因为这一天宋庆龄还邀请了在京的艾黎、马海德、艾泼斯坦等外国友人，请来了两位外国小朋友。

夜色降临了，所有该来的客人都被刘凤山用汽车接来寓所了。宋庆龄在孩子群中寻找着，最后把目光落在秘书脸上："小安同志的儿子没有来吗？"

"唷，他的女儿来了。"

宋庆龄点点头，又转身特意关照一边的兴宝阿姨："明年六一国际儿童节，一定要请小安同志家的那位男孩子来，记住了。"

别看宋庆龄平时十分简朴节俭，可在请小客人们吃饭时，却全都是招待外宾的规格，连烤鸭都上了。所有的孩子一个个吃得满嘴淌油，笑得合不拢嘴。

宴会结束时，宋庆龄亲自叫过安茂成的女儿，往她的口袋里塞满了糖果，还在她的小手里塞上了两份进口的宛如金镑似的巧

克力，并亲切关照道：“这两块‘金镑’带给你弟弟，好吗？”

“谢谢老奶奶！”安茂成的女儿礼貌地直点头。

安茂成像所有工作人员一样，没能出席圣诞宴会，但当他听到女儿向他转达的整个圣诞宴会的全过程时，他的心里感慨万分：都快五年了，她老人家还没忘了那个她当年曾要帮助我抚养的小男孩！而且她曾几次向我要照片，我却因没有给孩子照相而没有满足她的心愿。我太对不起她老人家了！

第二年的“六一”儿童节一到，安茂成早早地就把小儿子安涛领到了寓所里。

秘书把五岁的安涛领到宋庆龄面前介绍说：“首长，这就是小安同志的儿子，您今天请到的最小的客人。”

老人家一听，高兴地把小安涛一把揽在怀里，在小安涛的小脸蛋上亲了又亲，还不住地说道：“好，好！你长得真漂亮！”

安茂成远远地望着这一幕，心中热潮涌动，眼中热泪盈盈，心中有千言万语却一时难以言表……

1973年1月16日，北京东城区朝阳门南沟沿的一座民房里，有位年逾八旬的老太太因病重已到了生命垂危的时刻。她就是安茂成的老祖母。安茂成是从小在祖母身边长大的，他对祖母有着深厚的感情。这一点，宋庆龄都了解得十分清楚。所以在安茂成的祖母病重期间，她曾派秘书代表她专程前往南沟沿，看望了老太太，请老太太好好养病，注意饮食。之后，宋庆龄还不放心，还特意叮嘱安茂成回家去照顾老祖母。

这天，宋庆龄把安茂成找去后，亲手交给他一个用旧纸包扎

得很精致的大纸包，深情地望着安茂成说道：“小安，请你把这个带给老人家，到了家再打开。一定要替我好好关照你祖母。知道了吗?”

当安茂成含泪搂着礼物，和他的爱人赶到家里的时候，祖母已经处于昏迷状态了。孙子和孙媳在一边轻声呼唤，可她老人家连睁开眼睛的力气也没有了。安茂成很着急，眼睁睁地看着手中那个大礼包，一时手足无措。

知书明理的老祖母，一向是孩子们的引路人。那年，当她得知孙子安茂成被调到宋庆龄副主席身边工作时，她高兴而自豪地说道：“真想不到呀，我孙子要到国母身边去工作啦！孩子呀，你可得好好干，孙中山在世的时候，百姓谁不敬着他呀？这国母也不是凡人，你一定得干得漂漂亮亮的……”

当安茂成由此及彼，蓦然想到老祖母对宋庆龄的特别感情时，他触类旁通，当即急中生智，连忙凑在祖母的耳朵边，吹气如兰地说道：“奶奶，首长让我来看您，还给您带东西来啦!”

没想到祖母听了这话，果然用尽力气把眼睛睁开了。

安茂成夫妇赶紧打开那大礼包，再打开里面的一层粉纸后，露出了许多上好的橘子和苹果。上面还放着一张纸条：

祝你祖母早日康复!

尽管下面没落款，但安茂成一看那粗壮的笔画与熟悉的字体，就知道这是宋庆龄的亲笔。他激动地举起纸条，凑到祖母面前说道：“奶奶，您看，这是首长给您写的——祝您早日康复!”

老祖母费劲地望了望纸条，两滴豆大的泪珠终于夺眶而出，从她的眼角两边滚落下来。她费劲地点了一下头，表达了一位饱经沧桑的老人对一位举世闻名的国母的全部感激之情。

在场的人一个个热泪盈眶。

孙媳杨翠玲端详着祖母的脸，轻声询问道："奶奶，把首长送您的橘子捣成汁，喂您喝，好吗?"

老人合了下眼皮，表示同意。

安茂成夫妇见状赶紧动手，他们先把所有的橘子全部剥开、捣碎，然后滤出橘汁，用小勺一口一口喂给祖母喝。说来也怪，多日滴水未进的老人家，此刻却开了胃口，艰难地吮吸着那甜美的汁液。

喂了一半，孙媳犹豫地问丈夫："还给奶奶喝吗?"

安茂成看看祖母，见祖母竟主动张开了那张早已长满血泡的嘴巴时，不由放心地点点头："喂吧。"

就这样，橘汁被祖母全部喝了下去。老人家心满意足地闭上眼睛，嘴角露出了一丝满意的微笑。

当天晚上，这位含辛茹苦的老人家，带着对国母的深沉的感激之情，喃喃地念叨着："宋……宋……"，永远地离开了人间。

祖母走了，但那张宋庆龄亲笔书写的"祝你祖母早日康复"的纸条却永远地留了下来，留在了安茂成全家人乃至子孙后代的心田中。

安茂成祖母逝世后没几天，张珏见到安茂成，欲言又止了好一会儿后，才轻轻地、带着几分神秘的口气对安茂成说道："小安同志，有件事，我现在还不能告诉你。因为首长昨天夜里叩开

了我的房门，亲自对我说了，这件事，一定要等她百年之后再告诉你的。”

张珏是位谨言慎行的好大姐，她是轻易不向一般人吐露心事的。所以安茂成听了张珏的话，也没追着问张珏，只是和张珏一样，把这个令他好奇并疑惑的问题深深地埋在了心里。

其实，宋庆龄对安茂成一家老小的关怀，早在安茂成的祖父因病去世时就已经体现出来了。在安茂成的祖父弥留人间的时候，宋庆龄不但指派警卫秘书杜述周专程前往安家探望了安茂成的祖父，还让钟兴宝向安茂成转达了她的特别指示：“小安家是少数民族，如果他家需要什么买不到的物品，就让他跟我说，我会尽力帮助他解决的。”

对钟兴宝阿姨的转达，安茂成感动之余，为不拂了宋庆龄的一片心意，他向兴宝阿姨提出了“我只要两斤油”的要求。

事后，当兴宝阿姨把两斤油交到安茂成的手中时，再次转达了宋庆龄的指示：“首长说了，这两斤油，就用我的本子（指中央高级首长的食品特供簿）买吧。如果小安还有什么要求，就直接对国管局提出来就是了！”

平心而论，无论是年龄上还是辈分上，宋庆龄确实都可以做安茂成的祖母了；而安茂成更是自始至终把宋庆龄当成了自己第二个祖母。因为除了宋庆龄平时总是那么无微不至地关怀着他们一家老小外，还赋予了他特别的地位与重视，破例让他两次进入她北京寓所二楼的书房与卧室里！

安茂成至今仍清楚地记着宋庆龄和他相处的一幕幕。

那天上午，宋庆龄在兴宝阿姨的陪同下，来到院子里观赏花

卉盆景。宋庆龄来到那盆长势特别喜人的红辣椒面前后，久久不肯挪步，最后，她才指着红辣椒转脸问安茂成：“小安同志，这盆辣椒我可以放到楼上的屋子里去吗？”

宋庆龄对红彤鲜艳的辣椒情有独钟，安茂成心里最清楚：她常要以辣椒为临摹的对象，在宣纸上画下一幅幅红绿相间的辣椒图；有时回上海，她还不忘带上几盆呢。

所以现在听了宋庆龄的问话，安茂成当即就无声地笑了：宋庆龄总是这样特别尊重他人的劳动成果，也总是会提出这样也许令外人难以理解的问题。好几次，宋庆龄在看中院里的鲜花后，要剪几束放到室内观赏，而每次剪之前，她也总要向安茂成提问“我能剪几朵花放到楼上去吗”。所以，这天安茂成听到宋庆龄又向他提出这样的问题时，感叹之际，连忙又像前两次一样回答道：“首长，这些都是您的呀！”言下之意：这家中的一切都是您宋庆龄的，还用征求我这样一个工人的意见吗？

见安茂成这样说，宋庆龄这才点点头，然后又像以前那样对安茂成说了声“谢谢你，又给你添麻烦了”，指了指地下那盆红辣椒，示意安茂成把它搬上二楼去。

安茂成托起那盆沉重的红辣椒，按照礼节，紧随在宋庆龄与钟兴宝身后向前走。当他们来到楼梯口的时候，忽然，宋庆龄停下步，侧过身，看了看安茂成手中托着的那盆沉重的红辣椒，又望了望一边的兴宝阿姨，然后命令道：“让小安同志先走。”

“不，首长您先走。”安茂成说什么也不肯先上楼，站在楼梯口不动脚。

宋庆龄似乎有点生气了，嗔怪地看着安茂成，再次示意让安

茂成先走，安茂成这才不无感动地托起辣椒盆，走在了宋庆龄的前面。

由于安茂成早就知道宋庆龄有任何男性不得进入她房间的规定，所以上楼后，他就站立在楼梯口，等着兴宝阿姨前来接应辣椒盆。这时，宋庆龄也上了楼，她一边向房间里走着，还一边向兴宝阿姨示意："让他进来呀！"

兴宝阿姨也因宋庆龄这破例的举止而感到意外，冲着安茂成偷偷地笑了笑，然后顺手拉了一把，将还托着辣椒盆傻站在楼梯口的安茂成拖进了宋庆龄的书房里。

当时，一种受宠若惊的感觉，使安茂成感动又惶恐，他不敢正眼朝书房里多看一眼，赶紧放下辣椒盆，就准备转身下楼往回走了。没想到宋庆龄还不肯让他走，让他在书房里再等一等。

不一会，宋庆龄把两片夹着果酱的面包亲自交到安茂成手中，命令道："小安，累着你了，赶紧把它吃了，我看着你吃。现在就吃。"

此时此刻的安茂成，望着手中这两片宋庆龄亲手夹裹的面包，心潮起伏，眼眶都湿润了。他犹豫着，踌躇着，不知该怎么办。直到宋庆龄在一边再次催促着他快吃了，他才忙不迭地把面包大口大口地往嘴中塞。

"慢点，慢点，不要噎了！"宋庆龄见状，连忙一边阻止着，一边回头向钟兴宝说道，"快，给他拿汽水来，给他拿汽水来。"

看着安茂成大口大口地吃喝，一边的宋庆龄终于放心了，不由乐得笑出了声。

第二次是1974年6月23日傍晚。由于院中还有些活没干

完，安茂成像以往一样，还没有下班。正当安茂成赤着双脚在院中侍弄花草时，忽然，传来了张珏秘书的大声呼唤：“小安，你快来呀！快上来呀！首长摔跤啦！”安茂成闻声抬头一看，只见张珏秘书正站在暮色中的二楼阳台上，急着向他招手呢！

安茂成见状，跳起来从地下提起鞋子，就三步并作两步地奔上了楼。上得楼后，只见宋庆龄面容痛苦地横卧在房门口，一边站着目瞪口呆的隋永清和手足无措的张珏秘书。时年 31 岁的安茂成已顾不了那么多，他三下两下穿上鞋，简单地拍了拍裤腿上的泥土，即凭仗着自己的年轻力壮，一步冲上前，一手挽住宋庆龄的腿弯处，一手托起宋庆龄的后背部，从地下抱起宋庆龄，在张珏和隋永清的帮助下，进入卧室，把宋庆龄放在床上。

宋庆龄尽管此时此刻还忍受着肉体上的痛苦，但她还不忘对安茂成连声称谢：“不好意思，不好意思，小安同志，又麻烦你了……”

时年已是 81 岁的宋庆龄，体形变化很大，安茂成在挽托着她的时候，能感觉到她的腿部特别细，而上身则格外肥胖了。

所以，当安茂成听到寓所中有人在背后悄悄地议论宋庆龄，说她一手扶着后腰背慢吞吞走路是在拿架子时，他总恨不得上前揪住那人说个清楚，或者干脆掴他几个耳光。

有关宋庆龄这次摔跤的事，在《宋庆龄年谱》下册第 1792 页中有记载：

“6 月 23 日。在寓所出房门时，隋永清突然推门而进，受此惊吓，摔了一跤，当时不让保姆请医生，也不让告诉秘书（指警卫秘书杜述周）。”

“6 月 24 日。在北京医院接受检查，被诊断为尾骨挫伤，有水肿，后脑有痛处、无骨折，拟上药按摩。此事，北京医院随即报告了周恩来总理。”

“6 月 26 日。为宋庆龄摔跤受伤事，李先念副总理特向寓所工作人员下指示：‘接受这次教训，不要再发生类似摔跤事。’宋庆龄闻讯后遂嘱秘书杜述周：‘请向管理局解释，不是出于任何人的粗心使我摔倒。只是一个异常的偶然事件，没有人能够掌握的，我怎么知道永清要进来？或者她怎么知道我要出去呢？请早一点送达，我的摔跤不要责备任何人。’”

“6 月 27 日。上午，为宋庆龄摔跤受伤事，周恩来、邓颖超派秘书打来电话，询问病情，并嘱好好治疗、休息。”

1974 年 7 月 1 日，宋庆龄在她写给廖梦醒的信中，也提到这次摔跤的事：

“我真不想告诉你，我又遇到了不幸。上星期日晚上我正要开房门到走廊里去的时候，突然有人开门进来，一股气流把我吹倒在地！幸亏没有伤及骨头，但是我的腰背痛得更厉害了，一个肩膀摔得青肿。医生每天上午都给我治疗，所以不要为我担心。我试着慢慢走路，以便能参加自助式的家宴。”

据统计，宋庆龄在步入晚年的时候，共有八次因身体失去平衡而意外摔倒：

第一次是 1964 年 6 月 9 日：“摔断了右腕骨，很长一段时间不能活动，一连几个星期生活不能自理，不得不让一位护士照料。骨折复位很糟，我吃了很多苦，且诸多不便。”（见《宋庆龄年谱》下册 1683 页）

第二次是1973年："我在地板上滑了一跤，摔倒在地。虽然铺了地毯，但我背部的肌肉和腱鞘仍然受了重伤。因此，我得卧床几个星期。至今没有人搀扶还起不了床，需要有人把我抱起来。"（见《宋庆龄书信集·续集》471页）

第三次就是1974年6月23日，安茂成冲上楼去抱起宋庆龄的那一次。

第四次是1975年："惊悉董老仙逝，悲痛不已！记得我因荨麻疹症和其他病痛不能履行公务时，他总是非常友善地把我的工作承担起来。当我听到这个噩耗时，我从楼梯上摔了下来，跌伤了我的左脚和踝关节，伤得很厉害，以致没有人搀扶我便不能行走。现在人们认为拐杖也是不安全的，尽管拐杖下端有胶皮套。你也要小心才好!"（见《宋庆龄书信集·续集》504页）

第五次是1975年11月21日："当时我正在找一本书，幸亏我是滑下去的，而不是站着摔倒的。"（见《宋庆龄书信集·续集》513页）

第六次是1976年6月1日："三周前我在浴室的地上摔了一跤，胸部正撞在浴缸上，非常疼痛，给医生和护士添了不少麻烦。我的膝盖软弱无力，走路总是要有人搀扶。幸好没有骨折，但是白天黑夜都疼痛难忍。我走路的时候总是不注意，脑子里充满着别的事情。"（见《宋庆龄书信集·续集》530页）

有关宋庆龄这次摔倒的经过，周和康师傅在采访中向作者回忆道：

"1976年5月10日，宋庆龄早晨起床后，就到卫生间里去洗脸漱口，不慎脚下一滑，在浴室里摔了一跤，胸部在搪瓷的浴缸上撞了一下，当时就感到身体胸部疼痛不适，急需到华东医院进行检查治疗。华东医院是首长指定的保健医院，医疗卡号为1093，保健医生是胡允平，护士是沈秋华。她日常的医疗联系和取药化验等事，都是由我前往华东医院领取的，领取回来后，再亲手交给李燕娥或钟兴宝。我清晰地记得，当时杜秘书不在上海，主要原因是因为他的母亲生病后，需要返回北京家里去探望。另外，杜秘书自己患有脂肪肝，要回到北京医院去进行体检和治疗，如此需要请假15天，他是经首长同意后才离开的。按照工作规律，我在每天早晨5时，需要到四川中路宁波路口的食品公司特种供应站去采购副食品等物，每天都是骑自行车往返。当时李燕娥在寓所内找不到我，就急匆匆打电话到供应站去找我，电话打通后，她只在电话里对我说：'周同志，你赶快回家，有件紧急的事情要你去办理。'

"这可是我从来没有遇到过的紧急事，所以我立即骑上自行车，用出全身的劲往寓所赶，10公里的路程，我只用了30分钟的时间就赶到了。

"李燕娥见我火急火燎地奔到家，即惶惶不安地告诉我说：'夫人今天早晨在浴室里摔了一跤，她嘱我要立即找到周同志，一定要等到周同志回来后，一起陪同她到华东医院去作检查治疗。'

"我一听就更急了，立刻一边请驾驶员刘春生备车，驾驶大吉斯停在大门口，一边让李燕娥赶快搀扶首长下楼。不一会，李燕娥、钟兴宝搀扶着首长，缓缓从楼上下来了。我连忙迎上前去说：'首长早上好。请首长上车，到华东医院去进行全身检查，

看看是哪一部位受伤需要治疗的。’首长听了莞尔一笑，答道：‘周同志，又要麻烦侬了，谢谢侬。’

“就这样，我们扶着首长上车后，一起直驶华东医院。兴宝和我一起陪去的。李大姐在家看家。

“来到华东医院，在胡允平医生和沈秋华护士的共同搀扶下，我们来到外科病房，对首长进行全面检查。经检查，所幸首长的胸部没有受伤和发生骨折，只有胸部肌肉碰撞后，受了些劳损。医生说，贴些伤筋膏与服些药治疗一下就会好的。这真是不幸中的大幸，使我一颗吊在半空里的心顿时放了下来。”

第七次是 1977 年 11 月间：“我真的对命运感到很愤慨，它总是使你和我一次又一次地受罪，尤其是带给我们如此多的痛苦。我们的膝盖骨软化了。这就是为什么我们常常摔跤的原因。这次我跌倒时脑袋撞上了盥洗盆，因此经常头痛，而背部疼痛也是令人烦心的事。医生给我吃一种新的止痛片，使我白天都产生了幻觉，所以我拒绝吃它。”（见《宋庆龄书信集·续集》571 页）

第八次是 1980 年 1 月 16 日：“有一天我摔了一跤，正好摔在一个闹钟上。我的背部伤得很厉害，虽然骨头没有伤及，小的骨节增生给我带来了麻烦。其次是风湿性关节炎。因此，旅行对我来说是一种折磨。”（见《宋庆龄书信集·续集》637 页）

其实，从安茂成进入北京寓所工作开始到 1981 年宋庆龄逝世之前，安茂成共有三次进入宋庆龄的二楼。

第三次进入宋庆龄的卧室，则是在 1981 年 1 月，因为那时的宋庆龄生命已处于垂危之际，安茂成被特许进入宋庆龄的卧室

里，向他敬爱的宋庆龄作最后的告别。这是安茂成最不愿意进去的一次！

晚年的宋庆龄因体态变形、年老力衰而多次跌倒的事，使安茂成很不安。为了增强宋庆龄的腿力，他故意把院中与北山上花卉盆景之间的距离，尽可能摆放得远一些，分散一些，便于宋庆龄在平时散步观赏它们时，尽可能多走几步路。与此同时，他还保持着百倍的警惕，不前不后地跟随在宋庆龄的身后，以防她随时滑倒。有几次，宋庆龄真的不慎脚下打滑欲摔倒时，都被安茂成在后面及时托住了。

安茂成对宋庆龄的忠诚，一次又一次深深感动了宋庆龄，从此她像安茂成的第二个祖母似的，对安茂成赋予了格外的关爱与信任。

她曾在一次回上海的时候悄悄对安茂成说："小安呀，在上海我有李姐在，在北京有你在，我就放心了。"

由于安茂成是回族人，所以宋庆龄对安茂成的关心与爱护，超过了对其他一般工作人员的关心，有时候甚至可以用上心细如毫这句成语了。

那年，宋庆龄从上海回北京，给北京寓所的工作人员带来一批白色的进口洋布。在分配之前，她特意叮嘱兴宝阿姨，把分配给安茂成的那份染成了蓝颜色。因为她知道回族人不喜欢人家送给他们白色的布料。

还有一次，宋庆龄又像以往一样悄悄地为自己过生日，给家里的工作人员吃生日面。她知道安茂成是回族人，不吃猪肉的，所以单独为安茂成做了一碗牛肉面。

那是十年动乱接近尾声的一天上午，安茂成在院中干活累了，就轻声唱起了他最喜欢的电影《怒潮》中的插曲《送别》：

送君送到大路旁，
君的恩情永不忘，
农友乡亲心里亮，
隔山隔水永不忘……

正当安茂成唱得投入的时候，身后传来一句“小安你唱得真好”的赞扬声。安茂成回头一看，不由吓了一跳：不知什么时候，宋庆龄竟已来到他的身后，笑眯眯地看着他呢。

这是一首在当时被视为反动的歌曲，自己居然敢在北京寓所中哼唱，还了得！安茂成惶恐不安地望了望宋庆龄，歌声立即戛然而止。

然而，宋庆龄不但没有批评他，反而笑着问他说：“怎么不唱了？小安同志。”

“我是瞎唱……解解闷儿……这歌儿不让唱……是要挨批判的……”安茂成一时不知说什么好。

没想到宋庆龄摇摇头，肯定地说道：“这是一支令人动情的歌儿，为什么不让唱？”然后，宋庆龄鼓励安茂成说：“唱吧！你接着唱吧！大声的唱。我在楼上听不见呢。”

面对宋庆龄真诚的鼓励，安茂成顿时感悟到了埋在她心底压抑的情绪，庄重地点了点头。

从此，安茂成的歌声增大了，唱的歌曲也增多了。

不久，在一次寓所全体工作人员的联欢会上，当轮到安茂成表演节目时，他先唱了《送别》后，又唱了电影《洪湖赤卫队》中的插曲《手拿碟儿敲起来》和陕北民歌《高楼万丈平地起》等。

大家这才发现，原来这个憨厚老实的安茂成，还有这么一副嘹亮的好嗓子，还会唱出如此动情入调的好歌曲。

第一个发现安茂成会唱歌而且唱得很不错的宋庆龄，也在聚精会神地听着，歌声一停，她就高兴地带头鼓起掌来，同时还转过脸对一边的钟兴宝赞叹道："小安同志的嗓子可真好啊！"

宋庆龄喜欢听安茂成唱歌，但又不便请去唱，怕他不好意思。同时也耽心到时候他会挑一些"革命歌曲"（陕北民歌）唱，回避那些偏偏令她喜欢的、当时正遭受批判的"禁歌"。好在她的两个养女隋永清与隋永洁聪明着呢，她们在知道了宋庆龄的心情后，就常趁安茂成边劳动边唱歌的时候，悄悄地来到楼下，来到花圃里，用录音机偷偷地录下来，然后再拿回去播放给她们的妈妈听。

说实话，安茂成是个有音乐细胞的年轻人，所以每当宋庆龄在楼上弹奏钢琴时，他也总能从那或深沉、或压抑、或凝重、或浑厚、或如诉如泣的旋律中，感悟到宋庆龄对那场肆意摧残人权的十年动乱的愤怒与控诉，体味到她对光明前途的憧憬与向往。

1976 年的 10 月 6 日，中共中央一举粉碎了"四人帮"。很快地就从宋庆龄北京寓所二楼打开的窗户里，传来了欢快热烈的钢琴声。一些曾被禁锢了整整十年的、当时被视为"反动音乐"的旋律，重又盘旋飞扬在北京寓所的上空。无需多说，谁都明

白，宋庆龄这是借助这久违了的钢琴声，抒发她此时此刻轻松、愉悦、舒畅的心情呢！

10 月 16 日，宋庆龄还破例允许在上海寓所淮海中路的墙壁上，张贴“欢呼打倒‘四人帮’”的标语。

后来，在审判林彪、江青反革命集团时，兴宝阿姨告诉大家说，首长最近看电视看得很晚，认真收看着审判“四人帮”的实况转播，而且看着看着还笑出了声呢。

13．恶作剧

> 目送阿金一头雾水地退出锅炉房后，安茂成紧跟着来到锅炉房门口，向门外望去。这不望不要紧，一望，顿时使他倒抽了一口冷气：只见不远处的老槐树下，高高低低地站着杜述周、张珏、张有、钟兴宝等一群人，众人齐刷刷地把目光聚集向锅炉房，似乎在等待着什么事情的发生。

安茂成把竹子放在门口，寓意着胸有成竹；把石榴摆放在院中最后面，是寓意留（榴）步；把辣椒摆放在家中最显眼处，是寓意着红红火火；把一百盆美人蕉摆放在院子中，寓意着兴旺发达……

又例如，到了秋天，院子里种的葡萄熟了，常有小鸟飞来啄食与糟蹋。为此，宋庆龄见了心里很不踏实。因为凡是家里院中栽种的水果，一俟成熟后，宋庆龄总要分送给马海德、艾泼斯坦等中外友人品尝的。如今都给鸟儿糟蹋了，还怎么个分送呀？

其实，安茂成也早就对此心存忧虑并思考着解决的办法了。一天，他扎了几个草人，分别给它们穿上衣服，戴上面具，还画

上美丽的眼睛、鼻子与嘴巴，插在葡萄架里。风一吹，草人随风摆动，俨然一个个活着的美人。果然，从此鸟儿们再也不敢前来掠夺安茂成的劳动果实了。一天，钟兴宝笑着告诉安茂成说："小安，太太说了，这美人像你呢！"

兴宝文化不高，她不能完全理解首长说这话的意思。其实，宋庆龄是在借物喻人，表扬安茂成工作认真、心灵美呢！

再例如，安茂成把老岳父送给他的豇豆种籽，栽种在了北京寓所的北山坡上。到了夏天，这种细细长长、灰灰暗暗的豇豆成熟了，安茂成与黎传把它们摘下来，送到厨房里做成鲜嫩的菜，第一个送给宋庆龄品尝。自幼在江南长大的宋庆龄品尝了豇豆后，兴奋极了，一边来到豇豆棚前观赏，一边连连幽默地夸奖安茂成说："哎哟，都长满蛇了。但这种蛇可真好吃！"

安茂成更有心的是，他总是不厌其烦地每天搬出搬进，把中央首长和外国友人如马海德、艾泼斯坦等送来的各种花卉盆景摆放在家中最显眼的地方，以便那些花卉盆景的主人一进门就看到，就满意。

1980年，时年87岁的宋庆龄尽管已年老体弱、病魔缠身，但还要趁天气晴朗的时候，在兴宝与金凤的搀扶下，来到楼下的花园里散步。这时，她连一个人拄着拐杖行走都已很费劲了，但她还坚持着不要任何人搀扶，一个人拄着拐杖趔趔趄趄地在花园里观赏花卉盆景。安茂成见状，就事先把各种她所喜欢的花卉盆景散放开来，以锻炼她的记忆与腿劲。

安茂成在竭力做好本职工作的同时，还把北京寓所里的一切事，都当成自己家里的事来办。当听到刘凤山说每当他驾着红旗

牌轿车经过胡同口时，那些顽皮的孩子总要用石子弹扔轿车，安茂成就在下班的时候挨家挨户做家访，向孩子们的家长做工作，阻止孩子们的顽皮举止。在他的努力下，再也没有发生此类令刘凤山头痛的事情。

一次，宋庆龄单独送给了安茂成一包颗颗硕大紫黑的巨峰葡萄和两个面包，让这个为栽培种植这批果实的绿化工先品尝。宋庆龄还特意让钟兴宝传话叮嘱安茂成，要他带回家去给两个孩子与老人吃。

这天，家里举办宴会，招待前来访问的外宾。安茂成与以往一样，配合厨房忙碌了整一天，最后还兼任服务员，接待随同中外宾客一起前来的司机与随从们。正当宴会接近尾声的时候，忽然老X指令安茂成可以下班回家了。安茂成不理解，要是平时，他还得配合厨房黎传一起，把所有碗盆碟筷洗刷干净才能走。今天这是怎么了？然而，老X看出了安茂成心中的犹豫，竟把脸色一沉，下了命令，非要让安茂成立即下班回家。

正当安茂成怀着委屈与不解的心情准备下班时，钟兴宝来到他身边，当着老X的面说道："小安，太太刚刚说了，让你不要急着下班，她还有事找你呢。"如此，老X才不得不收回了成命。

不一会，招待宴会结束，送走了客人。宋庆龄一反常规，并没有急着把所有剩下的美味佳肴与糖果糕点分配给每位工作人员，而是亲自用锡纸与报纸，分作两层，包起一只偌大的羊腿，塞到了安茂成的怀里，边塞还边说："给，你辛苦一天了，快拿回家去，给孩子们吃吧。"

原来，明察秋毫的宋庆龄，早就觉察到了老X的别样心思，看出了他利用手中的权力，想独自享用餐桌上留下的美味呢！而敬爱的宋庆龄，却在接待宾客的时候，仍惦记着忙碌了一天的安茂成。

当时，安茂成怀揣着这只沉沉的羊腿，心头骤然泛起的感动，顷刻使他的视线模糊了。

这天安茂成骑着自行车下班的时候，已是深夜11时多了。但他的两个孩子还在家没睡呢，他们在家等着爸爸归来，因为他们知道爸爸每天半夜下班回家，准会有宋奶奶带给他们的好吃的东西。

原来，老X的私心确实重着呢，他常借招待宾客、家设宴会的机会，让钟兴宝超计划多准备一些食物，致使委屈的兴宝阿姨左右为难，经常暗中抹眼泪。

眼见安茂成不但整不倒，反而更得到宋庆龄的关爱与保护，老X一计不成，又生一计，他居然拿出了最卑劣的手段，试着往安茂成头上栽赃泼污水，让安茂成不打自垮。

那是1973年之后的事了，因为这时年轻的保姆顾金凤已来到了北京寓所，与她的叔婆钟兴宝一起为宋庆龄服务。

这一天，正是酷热难耐的夏日傍晚，也是宋庆龄等着用水洗澡的时候。忽然，还不满40岁的苏州绣娘顾金凤出现在锅炉房里，把正光着膀子在锅炉前忙碌的安茂成吓了一大跳：

“阿、阿金，你来这里干什么？”

“是老X叫我来的。”

“他叫你来这里干什么?”

“他让我把水泵打开,好让首长忽浴(苏州方言:洗澡的意思)。”阿金操着拗口的苏州普通话,笑眯眯地答道。金色夕阳的照耀,把她那丰满的身体勾勒得曲线毕露。

“不行,不行,快出去,你快出去!”比阿金只小了三岁的安茂成慌得直摇手,同时急着解释说,“水泵开关在那里,你跑到这里来干什么?再说,就算开水泵,我自会开的,什么时候请你们来开过呀?”

安茂成不解释也罢,一解释,他更紧张了:一是他自从兼任这锅炉工之后,金凤从没跑到锅炉房里来开水泵;二是这寓所里谁都知道,水泵的闸刀在离锅炉房一百多步路的电机房里,阿金怎么哪里也不去,就跑到这里来找水泵闸刀呢?三是在北京寓所里,有着严格的纪律:每个工作人员的生活作风须正派,尤其是男女之间,决不能打情骂俏做出有伤风化的事,一旦发现,绝对辞退无疑问!

阿金还想再犹豫,却被安茂成一反常态的焦急与紧张吓坏了,她也顾不得弄个子丑寅卯,就赶紧退出了锅炉房。

目送阿金一头雾水地退出锅炉房后,安茂成紧跟着来到锅炉房门口,向门外望去。这不望不要紧,一望,顿时使他倒抽了一口冷气:只见不远处的老槐树下,高高低低地站着杜述周、张珏、张有、钟兴宝等一群人,众人齐刷刷地把目光聚集向锅炉房,似乎在等待着什么事情的发生。

面对这人为制造的恶作剧,安茂成在愤怒之余,不由暗暗为自己的敏感而庆幸。同时,他也更加谨慎小心了,只怕稍有不

慎，授人以把柄，落入人家为他挖掘的陷阱中。

其实，暗中阴损明整安茂成的仅是个别人，绝大多数同事都先后透过安茂成那颗透明的心，与他结下了深厚的友谊。

14. 同事友谊

> 安茂成知道生病的人嘴特别馋，尤其是病入膏肓的人。他强忍着心中的悲痛（因为他还得遵照警卫秘书的指示，把李燕娥身患绝症的事向她做绝对的隐瞒），故作轻松地一边说着“这有什么不可以”，一边爬上高高的枣子树，亲手为李燕娥采摘下满满一兜又红又大的枣子，然后，再一颗一颗地洗干净，交到李燕娥手中。

人与人之间的信任与理解，没有一定的时间与交往，是不能成立的。安茂成刚到北京寓所工作时，就以他宽宏大度与善良朴实，逐渐获得了寓所上下所有同事的信任与敬服。

安茂成至今仍能做一手好菜，是与当年厨师黎传言传身教分不开的。然而，他何以与黎传成了一对无话不谈的好朋友，这还得从 1980 年说起。

那一年，连年被评为单位先进个人的安茂成，经宋庆龄提名、国务院机关事务管理局审核与批准，被提上了加薪人员的名单。这年加薪的幅度较大，每个加薪者都能在原工资上提高 40%。然而，安茂成因这次能加上工资的笑容还挂在脸上呢，家里就不太平了：黎传厨师一听这次加薪中没有他的名字，当场就发火了，把勺子往灶台上一扔，就说不干了！

当时，这位在一解放就来到宋庆龄北京寓所工作的广东籍厨师，其工资已是特级了，每月可拿到 89. 50 元。没想到他还是不满足，向组织要起了小孩子脾气。

宽宏大度的安茂成见此情景，心里很不是个滋味，他实在不愿家里因为他的个人问题而出现矛盾，为日理万机的宋庆龄再平添烦恼。所以他当夜便来到黎传师傅的家，做开了黎传的思想工作，并表示他放弃这次加薪的机会，让给家里孩子比自己多的黎传师傅。

第二天一上班，安茂成就通过秘书，向机关事务管理局调整了加薪的名单。安茂成认为：自己是共产党员，又是单位先进个人，应该也必须有这样的高姿态，把这样的好事让给别人。

然而，单位里面好对付，自己家里就为难了。当时，安茂成的家中上有父母、岳父母四个老人，下有两个孩子，安茂成每月工资 43 元整，妻子每月 48. 5 元，光靠他们夫妇俩的经济收入，每月总是紧巴巴的。这次回家怎么对妻子说呢？何况当时妻子已知道他这次将加上 40% 的工资了呢！无奈，从不会撒谎的安茂成，这回就不得不违心地欺骗一次妻子了。

到了月初发工资的那一天，安茂成把单位互助会里领出来的八十几元钱交给了妻子，谎说这就是这次加的与补发的工资。老实巴交的妻子当场信以为真，笑逐颜开地接过了丈夫新增的工资。

但是，万万没有想到，在大年夜的那天，单位领导来家访，

正好看见安茂成一家在吃窝窝头。深为安茂成的高风亮节所感动的领导当即当着杨翠玲的面，不无感叹地表扬道：“你们家的安茂成真不错，把工资让给别人加，自己在家吃窝窝头！这种精神与这种人，值得大家好好学习呀！”

安茂成的妻子一听就顿时傻了眼，半天没吭声，直到家访的领导们告辞了，她才如梦方醒地一把揪住丈夫哭闹了起来。她怨丈夫太革命与太先进，眼睁睁地把到手的活命钱让给别人家；她恨丈夫太小看了她，这么大的事情也不事先和她商量一下。但事到如今，再哭再闹又有什么办法呢？一切都已太晚了呀！

也是无巧不成书，就在加薪风波后的没多久，黎传师傅的妻子就因病与世长辞了。在妻子火化时，悲痛欲绝的黎传把八十几元钱与妻子一起火化了，他似乎要让妻子知道，这次他又加到了薪金。

就是从那时起，安茂成与黎传之间的友谊更深厚了，他俩成了一对无话不谈的好朋友。平时，黎传对他独有的烹饪技术很保守，轻易不允许别人踏进他的厨房间。但对安茂成就破例了，只要有空闲，或只要宋庆龄在上海，他就会主动亲手教安茂成学几样拿手菜。

有一次，黎传放在身边的5元钱不见了。当时有人悄悄地向黎传打假报告，认为是安茂成偷的。但黎传说什么也不相信，说小安子绝不是那样的人。果然没多久，他在自己衣服的夹层里，找到了这5元他当时自己藏进去的钱！

其实，黎传擅长制作的只是中式菜肴，不会做西餐。所以，每逢有重要的外宾来家设家宴时，杜述周就不得不请北京友谊宾

馆一位名叫陈路的西餐厨师来寓所帮忙。

这里有个小插曲。陈路厨师是个脑子灵活的人，那次，也许他为了有意考考宋庆龄，一次做了六种西餐点心“沙拉”，让服务员端到了宋庆龄的面前。

面对这六种“沙拉”，宋庆龄一口也没吃，只是不动声色地在每种“沙拉”的盆沿上的标签上，用英文写下了每种“沙拉”的名称，然后又让服务员端了下去。

陈路厨师见了退回来的六种“沙拉”上的宋庆龄的亲笔注释，不由大惊失色，钦佩得五体投地，当着众人的面竖起了大拇指：“佩服，佩服！不愧为伟人，连六国的西餐沙拉都知道！”

从此，只要在北京寓所里宴请外国宾客，陈路就会应邀来掌勺了。陈路的舞跳得特别好，宋庆龄很欣赏这个才艺双全的厨师。

刘凤山与黎传是同年出生的同岁人，但他与安茂成这个小阿弟同样也很合得来。每逢刘凤山出车归来或出车前来不及擦洗车辆，安茂成就会主动前去帮助他擦洗。宋庆龄喜爱兰花，安茂成就主动把刚摘下的新鲜的兰花交给刘凤山，让他放到汽车上，从而让宋庆龄一上车就有种心旷神怡的感觉。为此，刘凤山没少被宋庆龄表扬过。

1980 年 3 月下旬，身患癌症的李燕娥被接到北京治疗。当时，李燕娥被剧烈的疼痛折磨得浑身发抖，满头是汗。恶毒的病魔折磨得李姐生不如死，以致她除了宋庆龄之外，见谁就骂谁，就连警卫秘书杜述周也骂上了。悲哀痛苦的嚎叫声响彻了整个

寓所。

这天，杜述周无奈地找到安茂成，请他去安慰安慰她，问一问她究竟是哪里最疼痛，好让医生对症下药。安茂成听了，就闻声来到客厅里。一进门，就只见李燕娥站在一张桌子前，用两手撑着桌子，口中连声哀嚎着“痛死了，痛死了”，浑身痛苦地颤抖着，豆大的汗水从她的额头上往下淌，以致领圈与后背上都已濡湿了。

安茂成充满怜爱地走近她，不无同情地问道：“李姐，您怎么啦？到底哪里痛？”

李燕娥痛苦地紧闭着眼，用手指了指腹部，哭喊道：“这里痛，这里痛，里面全是气，痛死我了……”

安茂成面对这一幕，心痛得差点也落下了眼泪，他好言抚慰李燕娥说：“李姐，我理解您，但我不能替代您呀！”

李燕娥从剧痛中抬起眼，望着安茂成说道：“你真好，你的心真好。”边说，边用手拍着安茂成的肩膀，呜咽道，“怪不得首长老夸奖你，最喜欢你……”

李燕娥经过在北京医院的住院治疗，不再像发病时那样痛苦了，于6月初出院。这从宋庆龄写给上海沈粹缜的信中可知道：

“（李燕娥）出院已两个星期了。她很满意对她的照顾。看上去她还好，不过身上的肉，不像以前的结实。大家都对她好。”

在出院回家居住的这段时间里，李燕娥总在楼下的院子里散步，呼吸新鲜空气，锻炼身体。所以她与安茂成接触的时间也最多。但是，院子毕竟小，空气也没有山上新鲜，而自己很想上北山，却是心有余而力不足。于是，李燕娥就试探着问安茂成：

“小安，你能扶我上北山吗?”

安茂成一口答应。他小心翼翼地搀扶着病恹恹的李燕娥，一步一步登上北山。此时，北山的枣子都快要成熟了，李燕娥抬头仰望着满树姹紫嫣红的枣子，喜悦的心情溢满了脸。她犹豫地指着树上的枣子问安茂成：“小安，能采几个给我尝尝吗?”

安茂成知道生病的人嘴特别馋，尤其是病入膏肓的人。他强忍着心中的悲痛（因为他还得遵照警卫秘书的指示，把李燕娥身患绝症的事向她做绝对的隐瞒），故作轻松地一边说着“这有什么不可以”，一边爬上高高的枣子树，亲手为李燕娥采摘下满满一兜又红又大的枣子，然后，再一颗一颗地洗干净，交到李燕娥手中。

面对安茂成发自内心的关心与帮助，被深深感动的李燕娥不由问道：“小安，你为什么要对我这样好?”

安茂成想也没想地答道：“您为首长奋斗了一生，我这点算什么。”

李燕娥笑道：“但是首长更了不起呀。”

安茂成答道：“但我也敬佩您。”

李燕娥又问道：“你敬佩我什么呀?”

于是，安茂成把李燕娥如何赤胆忠心保护宋庆龄的功绩，一一复述了给她听。

李燕娥听了，又问道：“那你又是怎么知道这些事的呢?”

安茂成实话实说： “是首长断断续续告诉我的。我都记下了。”

李燕娥听了这话，浮肿的脸上露出了欣慰的笑容。

之后，李燕娥在北京居住的这段时间里，安茂成天天陪着她上北山采摘枣子，陪着她在寓所里散步。惹得李燕娥不住嘴地直夸奖他：“你真好，怪不得首长总是在我面前夸奖你，表扬你。”

15. 慈母情怀

散席时，宋庆龄还向新郎新娘赠送了一条印有鸳鸯图案的床单。两个孩子出生后，又送给张有的小孩衣物等。张有的老父亲病故时，宋庆龄特意让秘书带着司机赶去慰问，还送去了30元钱。张有在四川上大学的儿子回北京，带了一些四川红橘送给宋庆龄品尝。宋庆龄收下这些橘子后，还一定要给孩子10元钱。

其实，宋庆龄心里装的岂止是安茂成一个人，她对上海、北京两地寓所的每个工作人员乃至他们的家属，普天下的人民群众，始终都怀着深深的爱与浓浓的情呢！

上世纪七十年代初，安茂成与张有等人的孩子都还在幼儿园上学。每当家里遇有晚宴，安茂成与张有等工作人员难以正常下班接孩子的时候，宋庆龄总会按时派刘凤山开着吉斯车，前往幼儿园接送孩子回家。这时，车上总会放着兴宝阿姨根据宋庆龄的指示精心准备的面包、苹果、糖果等食物，有几个孩子就几份，不多也不少。

1959年，北京寓所的张有准备结婚了，但没钱办婚事。宋庆

龄知道后，就出钱在北京寓所办了两桌喜酒，并邀请他俩各自的亲属一起来家中参加宴会。在席间，宋庆龄亲自向新郎新娘敬了酒，还作为证婚人，为这对新人赠上了四句话：

“团结互助，共同前进；友爱甜蜜，白头到老。”

散席时，宋庆龄还向新郎新娘赠送了一条印有鸳鸯图案的床单。两个孩子出生后，又送给张有的小孩衣物等。张有的老父亲病故时，宋庆龄特意让秘书带着司机赶去慰问，还送去了 30 元钱。张有在四川上大学的儿子回北京，带了一些四川红橘送给宋庆龄品尝。宋庆龄收下这些橘子后，还一定要给孩子 10 元钱。

就在宋庆龄去世的前一年，工作人员刘玉宝的爱人生了女孩子，秘书给她写条说：“报首长知道一下即行”。但宋庆龄看了条子后，特地在条子边上写道：“请代我祝贺她，并代送她这条小毯。宋。”

1971 年 5 月 10 日，当宋庆龄得知警卫秘书杜述周三岁的儿子左眼球被碎玻璃划破后，十分着急，即对杜述周说：“治疗好孩子的眼睛是件大事，如这里治不好，请告诉我，我去请周总理帮忙，想法从国外买回眼球来给孩子换上，不能让孩子痛苦一辈子。”后来，当她得知经过同仁医院大夫的精心治疗，孩子的眼球保住了后，她又十分高兴，并不住地赞扬同仁医院的大夫医术高明。

宋庆龄一向心系儿童，热爱儿童工作，关心儿童的身心健康成长。这已成了她整个伟大、光辉业绩的一个重要组成部分。正像她说的：“我一生都是同少年儿童联系在一起的。”她一生关注儿童事业积极创办了幼儿园、托儿所、少年宫、《儿童时代》杂

志、儿童艺术院、国际和平妇幼保健院等，并十分关心这方面的工作。她每次从北京回到上海，都要亲自到这些单位视察。她自己没有儿女，但十分喜爱儿童，把所有的儿童都视为自己的孩子，心中无时不牵挂着儿童，满怀着她特有的真挚与深切的爱。这不仅是出于一般的慈祥祖母的爱，更是出于对国家、对民族以及人类社会光辉未来的永恒之爱。她为儿童倾注了毕生的精力，一切为了孩子，像春天一样给予儿童以阳光般的明媚和温馨，让他们早日成长为革命的未来、祖国的希冀。每逢“六一”儿童节、元旦、春节，她总要请中国福利会幼儿园、少年宫和身边工作人员的孩子到家里来作客。她和孩子们亲切交谈，送玩具、发糖果，请小朋友唱歌、讲故事、做游戏、看电影等，共同庆祝快乐的节日。

对此，周和康有段亲笔的回忆录：

> 首长自己没有子女，但她十分喜爱孩子，把所有儿童都视为自己的孩子，关怀备至。每逢6月1日，她都要到上海中国福利会少年宫和孩子们欢度“六一”国际儿童节，观看儿歌、舞蹈节目演出，邀请中国福利会幼儿园的一群小朋友到家里作客，给孩子们送糖果、送玩具，请小朋友唱歌、讲故事、做游戏、跳舞，与孩子们一起庆祝节日。她经常勉励小朋友“要听毛主席的话，永远跟着共产党走，团结起来，学习做新中国的新主人”。逢年过节，首长总是要邀请身边工作人员的小孩子到家里作客，请李姐下厨房，做她拿手的西式什锦炒

饭来招待小客人。见到小客人吃得津津有味，她最为高兴。每年的圣诞节、元旦和除夕的晚上，是家里最热闹的日子。这时，我们准备好一棵碧绿常青的圣诞树，放在客厅古董橱前面，再由李姐把圣诞树乔装打扮一番，装上五彩缤纷的小灯泡，挂上色彩鲜艳、逗人喜爱的各式各样的小动物和圣诞老人，洒上剪成一条条的银色锡纸与一缕缕的棉花雪花，做成雪花满树的布景。到了晚上，灯一开，圣诞树五光十色，闪闪发光，营造出一种火树银花、瑞雪迎新春的吉祥气氛。每当这时，首长就会高兴地用上海话赞美道："你们看，有趣得来，有趣得来！"

节日晚上，首长先请亲友和小朋友，还有身边的工作人员观看陈放在电话间、客厅、餐厅的壁炉架和台子上许许多多从国内外邮寄来的漂亮的贺年片，接着大家围坐在圣诞树旁，尽情欢乐。然后，由李姐分送给每人一份节日礼品，让大家自由活动。这时，首长端坐在沙发上，笑容满面，李姐则侍奉在侧，孩子们依偎在首长的身旁，滔滔不绝地讲着他们的喜闻乐见。首长一边听着，一边挨个地拉着孩子们的手，抚摸着孩子们的头，问长问短。整个客厅里充满着孩子们发出的阵阵的欢笑声和一声声"谢谢太太"、"祝您健康长寿，新年快乐"的甜嫩的祝福声。

每年清明节前，首长总是要准备许多新鲜的鸭蛋，把它染成五颜六色的彩蛋。她和李姐一起漫步在绿茵茵

> 的大草坪上，把彩蛋分别藏在草丛中和树根旁，然后再回到大阳台上的藤椅上坐下，嘱咐孩子们分头去寻找。孩子们找到彩蛋后，欢呼大叫着‘找到了，找到了’，不约而同地奔到首长的身旁，争先恐后地送上各自找到的彩蛋。见到孩子们那种兴高采烈的样子，宋庆龄乐得拍手哈哈大笑，并马上把彩蛋装在红色封袋里，当场分送给孩子们。

宋庆龄多方关怀寓所的工作人员。

1966 年底，宋庆龄自费购买了一些《毛主席语录》，分送给工作人员。尽管她认为这场“革命”使我国的社会主义进入了一个更深入、更广阔的阶段，但她对红卫兵的过激行为有看法，对受毛泽东派遣来解释“文化大革命”的江青说：“对红卫兵的行动应该有所控制，不应伤害无辜。”因此，宋庆龄的这番忠言劝告，遭到了江青的嫉恨。江青在收到了《宋庆龄选集》后，用脚践踏以泄愤（盛永华：《“文化大革命”中的宋庆龄》，载《炎黄春秋》2003 年第 2 期》）。

1968 年 9 月 3 日，宋庆龄将《毛主席的最高新指示》、《毛泽东论党的建设》、《毛泽东论教育革命》等书分送给工作人员。

1968 年 9 月 6 日下午，北京寓所的工作人员在寓所院内摘苹果。因临近中秋，宋庆龄指示给工作人员发月饼、苹果、葡萄等，给警卫战士送月饼。

这年的 10 月 4 日，宋庆龄改变了入冬送衣物给寓所工作人员的习惯，送了每人一本《毛泽东选集》。

1965年1月31日，宋庆龄（后左一）、周和康（后右一）、李燕娥（后左二）、钟兴宝（前左一）与隋永清、永洁姐妹俩、周和康的五个孩子合影于上海寓所

1972年11月25日，是农历10月10日，刚从北京回上海才四天的宋庆龄，在上海寓所请全体工作人员吃大肉面，庆贺李燕娥生日。

1975年2月中旬，传闻北京一带有地震，宋庆龄立即指示秘书：这里房屋抗震，塌不了，把电视间让出来，让工作人员家属搬来住。

1975年8月4日，宋庆龄把从北京寓所里采摘下来的梨子，给上海寓所的工作人员运去一筐。还有一封写给李燕娥和周和康的信。

1976年7月28日，当暂居北京饭店的宋庆龄获悉唐山发生了大地震并影响北京时，她很担忧，特意指示北京寓所的工作人员，让他们的家属搬进其后海的寓所里居住。

同年9月2日，中秋佳节将至，宋庆龄又及时指示杜述周，给北京寓所的工作人员每人送月饼和糖果……

就连进入寓所装运垃圾的清洁大队的工人，宋庆龄也予以细致入微的关心。

当时，北京寓所里的垃圾都是市里清洁大队的工人来装车运走的。宋庆龄除了指令每次留清洁工人在家中吃一顿便饭外，还要给每个清洁工人安排一包烟或一包茶叶。在那个供不应求的年代里，清洁工人们对此特别高兴，他们无不感谢宋庆龄对他们这样普通的工人的关心与照顾。有时，宋庆龄还不放心，还要问兴宝“（香烟或茶叶）都拿了吗”，直听到兴宝回答说都拿了，她才放下心来。

有关宋庆龄对北京、上海寓所工作人员予以无微不至关怀的

故事，不胜枚举。

行文至此，有必要解开一个小误会。那就是1974年11月10日，宋庆龄在给廖梦醒的信中所表达的、她对北京寓所中的司机有看法的问题。

信中说："我的司机，只要我要他去办点什么事情，他总说要去参加学习。上个月有些螃蟹从南方运来，我想与你分享，但是找不到其他的人替我送去。"

明眼人一看就知，此信中所提到的司机，就是刘凤山。乍一看，好像刘凤山不地道，是棵随风倒的墙头草，他不能全心全意地为宋庆龄服务，而是故意推托其词，不为宋庆龄出车。这是宋庆龄误会他了。

作者在2008年1月11日采访安茂成师傅时，安茂成师傅向作者作了如下的解释：

> 这事别人不清楚，我清楚。其实，在那个时候，刘凤山并不是不愿为首长好好地服务，而实在是力不从心呀！当时，宋庆龄的养女隋永清经常要用车，有时是首长安排的，有时是她自己外出办私事的，都要请刘凤山帮助开一趟车。刘凤山有心推托吧，又不忍心；向首长问个明白吧，又不敢。他总是左右为难着。如果永清这次出车真是首长安排的，他这一问岂不得罪了永清？无奈，面对宋庆龄的责问，他只好推说学习忙，难脱身，以此为借口。在那个年月，身为共产党员的刘凤山，要参加机关党组织举办的各种各样的政治学习，这是比什

么都要重大的事情呀！

在那次采访中，安茂成师傅还向作者披露了一个所有史料中都无记载的故事，那就是毛泽东曾当场指令江青搀扶宋庆龄的故事。

16. 爱憎分明

作为宋庆龄的专职司机，刘凤山知道了一些寓所同事们不可能知道的、当时视为国家机密的事情。但就因为刘凤山与安茂成是铁哥们儿，相信安茂成是绝对可以为此守口如瓶的，所以他事后没多久就告诉了安茂成。

1972 年 1 月 6 日，陈毅元帅因患不治之症，在痛苦中煎熬了一年多后，在北京逝世，享年 71 岁。

1 月 8 日下午，宋庆龄乘坐轿车前往 301 医院，向陈毅元帅告别。一路上，她不停地叹息道："真可惜，真可惜。"当晚，国务院值班室打来电话，传达中共中央对陈毅追悼会的批示：八宝山公墓气候较冷，请宋副委员长不要参加了。

但是 1 月 10 日下午，宋庆龄正在楼上的书房里工作，忽然接到了国务院机关事务管理局打来的电话，要她马上赶往八宝山，参加陈毅元帅的追悼会。宋庆龄一听，连外衣也没换，只草草地梳了下头发，就急急忙忙地坐上红旗牌轿车，指令刘凤山急驰八宝山陵园。

当她赶到八宝山殡仪馆时，毛泽东已到达。毛泽东起身与宋庆龄握手，并与她坐在一起。宋庆龄又与陈毅夫人张茜及家属握

手并慰问。这时，柬埔寨西哈努克亲王也前来参加追悼会。宋庆龄与西哈努克亲王握手并让座。追悼会开始时，宋庆龄与西哈努克夫人相互搀扶着进入灵堂，并排站在前排。

这天的追悼会上，周恩来致悼词，高度评价了陈毅的一生。毛泽东参加了追悼会，他说：“陈毅同志是个好同志。”

追悼会结束后，众中央首长步出大厅。这时，毛泽东谦虚地站了下来，谦让道：“让宋副主席先走。”

“不，主席先走。”宋庆龄站停了脚步。

在毛泽东的一再谦让下，宋庆龄才泪眼婆娑地与毛泽东、周恩来一一握别后，走向停在门外停车场上的红旗车。

周总理抢先一步，挽住了宋庆龄的右胳膊，送她上车。这时，毛泽东侧脸望了下身边的江青，蓦然想起了什么，当着众人的面说：“江青，你上去，搀扶宋副主席上车。”

面对毛泽东的指令，江青扭扭怩怩地走上前，从左边挽住了宋庆龄的胳膊。

汽车启动了，宋庆龄从车窗口含泪挥别了身后的人们后，热泪盈眶地当着司机刘凤山的面说道：“总理是我最好的朋友。”接着，她又补充了一句，“毛主席，真聪明。”

追悼会结束回家后，宋庆龄收听了陈毅追悼会的广播，表示：这次去参加追悼会值得。

上述这段鲜为人知的故事，是刘凤山后来悄悄地告诉安茂成的。

作为宋庆龄的专职司机，刘凤山知道了一些寓所同事们不可能知道的、当时视为国家机密的事情。但就因为刘凤山与安茂成

是铁哥们儿，相信安茂成是绝对可以为此守口如瓶的，所以他事后没多久就告诉了安茂成。

1976年1月8日，中共中央副主席、国务院总理、全国政协主席周恩来在北京因病逝世。宋庆龄担任周恩来治丧委员会委员。

1月10日，在那个黑云压城、寒风四起的上午，宋庆龄穿着一身黑色的旗袍，神情肃穆地坐上红旗牌轿车，前往北京医院，向周恩来遗体告别，并含泪向邓颖超大姐表示亲切慰问。

1月12日，宋庆龄亲自向在劳动人民文化宫举行的周恩来吊唁仪式送花圈。

1月15日，宋庆龄抱病驱车来到人民大会堂，参加周恩来的追悼会，并献花圈。在追悼会上，她紧紧地抱着邓颖超，亲切地呼唤着邓大姐的名字，请她节哀保重。在吊唁结束回家的一路上，宋庆龄不住地唏嘘着，重重地叹着气，呜咽道："国家少了一个好帮手，少了一个好帮手呀！"

由于这一天刘凤山始终在吊唁厅外面的停车场上，所以他几乎是亲眼目睹了人们向周总理作最后告别的场景。

周恩来的灵车在长安街上行驶了整整四个小时，才到达八宝山革命公墓。因为沿途的群众人山人海，大家都要向他们最敬爱的总理告别。

就在那令人伤心欲绝的一天，雪上加霜，又传来了史良的丈夫陆殿栋"突然因血压高而猝死"的噩耗，使宋庆龄对史良身体情况十分担心，只怕史良也会因悲伤劳累过度而"碰上同样的命运"。为能抚平史良的双重痛苦的心情，宋庆龄还在信中附上了

一张周恩来总理的照片，给史良作为纪念。

1月19日，宋庆龄请人代购了周恩来的遗像十余幅，分送给国内外友人。

1976年9月9日，中共中央主席、中共中央军委主席、全国政协名誉主席、第一任中华人民共和国主席毛泽东在北京逝世。宋庆龄担任了治丧委员会委员。

9月10日下午，正在上海治病的宋庆龄马上乘坐专机前往北京，暂时住在北京饭店。

9月11日上午，宋庆龄同党和国家领导人一起，在人民大会堂吊唁毛泽东，参加守灵，并敬献花圈。

9月12日，宋庆龄再次前往人民大会堂，向毛泽东遗体告别。

9月18日，宋庆龄参加在北京天安门广场举行的毛泽东追悼大会，并献花圈。这回，她因年迈多病，不得不依靠警卫秘书和医护人员的搀扶才坚持到结束。刘凤山从后视镜中看见，一上车，她就累得像整个人都瘫倒了，并不时抚摸、捶打着自己的两腿。

这年的11月3日，宋庆龄在致爱泼斯坦的复函中，表达了她怀念毛泽东之情：

“我有很长一段时间心情不好，听到了一些不愉快的事情，因毛主席的逝世又回天无力——光是这件事已足使人难以承受。我们的主席一生，在实质上是这一伟大时代革命斗争的历史长卷。正如他自己说的，‘人民英雄永垂不朽’，这实际上是他的墓志铭。”

同时，她还在信中说：“我自己久病，神经性疾患使我不能参加会议和别的活动。快活起来，艾培！现在是那些‘横行夫人’（暗讽在此之前不久垮台的曾横行霸道一时的江青及其反革命集团）的最好时节。如果你和邱茉莉这个时候能来，你们一定要尝尝我们南方的特别风味。放松一下吧！”

宋庆龄爱憎分明的品德，可以说在历次政治运动中都有具体体现。

1957年“反右派”斗争开始前，周总理将这次运动的要求与目的，向她作了通报，并征求她的意见。宋庆龄认为通过运动对全国人民进行一次教育，她是赞同的。没想到后来打击面越来越大，不仅有解放前长期追随党的左派人士，还有一些长期革命的老党员也被打成了右派，她想不通了，写了一篇《团结就是我们的力量》的文章，发表在她创办的英文刊物《中国建设》第9期上。文章中说：“学习了如何全面看问题，如何分辨什么是人民内部矛盾和什么是敌我之间矛盾。至于那些少数人中间，我们也会把那些一时在思想上离开了社会主义道路的人，那些还没有接受社会主义的人同那些在积极阴谋破坏社会主义的人区别开来。”还说：“我们必须、而且也一定能够在曾经把中国从悲惨的绝路上带到进步的大道上来的共产党领导之下，向着社会主义前进。我们一定要像保护生命一样来保护我们人民的团结。这就是我们不可摧毁的力量。”

宋庆龄的这篇文章发表后，有人反映说是右倾。可是历史最终证明她是正确的。

1959年夏天，庐山会议把彭德怀将军列为反党分子，并开展了批判。对此，宋庆龄震动很大，也想不通。当时她在北京，就写了一封信给上海的李云，在信中表示了她的想法：

“我很紧张，夜里做噩梦。”“彭将军跟随毛主席，打了几十年的仗，对新中国的建立，他有极大的功勋，我熟悉彭将军，很敬佩他。”信尾，她嘱李云“看后烧毁”。

在“文化大革命”中，面对全国掀起的“打倒刘少奇”的高潮，宋庆龄更是百思不得其解，并在那个令人谈虎色变的年代里，公正无私地表达了她对刘少奇的极大的同情，对他的家人表示了她的爱护之情。

有一天，宋庆龄坐车外出，当她看到满街的大字报和“造反有理”的大标语时，不顾前边还坐着司机刘凤山，口中默默有词：“造反，还有理?”当她看到那些“打倒刘少奇”的标语时，她的脸上更是露出了不解与疑虑的神情。

在“高潮”中，宋庆龄经常请曾在解放前担任她秘书的罗叔章来北京寓所说话。她多次疑惑地问罗叔章：“原来是伟大的革命家，现在突然变成了反革命，有这样的怪事?”“对刘少奇这样的老革命家，怎么可以这样对待呢?”

1966年12月底，刘少奇全家已处于逆境，但宋庆龄仍一如既往地给刘少奇的几个孩子寄去了贺年片、日记本和糖果。这是她对无端受到政治迫害的受害者的最珍贵的同情和支持。当刘少奇全家人看到贺年片上那熟悉、刚劲的笔迹和给孩子们的无比亲切的“宋妈妈”的签名时，犹如荒漠中饮到了一口甘泉，感到了无比的温暖与慰藉。

1967年后，刘少奇和他的一家人受到了更严重的迫害和摧残，全家被逐出中南海，弄得妻离子散，天各一方。孩子们千方百计打听父母的下落无果，在万般无奈的情况下，只好给宋妈妈写信。宋庆龄不怕担风险，立即把信转给了毛泽东。同时，又尽她所能努力保护孩子们的安全，照顾他们的生活，鼓励他们好好学习。直到1976年，宋庆龄还让刘凤山开车，带着杜述周一起去给刘少奇的子女转送物品。

17. 忌讳细节

1969年的一天，夜幕降临了，他正准备下班的时候，忽然看见厨房里的灯光还亮着呢，他感到奇怪，近前推门一看，只见宋庆龄与钟兴宝两个人正在灶台前忙碌着，把一篮子煮熟了的鸭蛋分别染成红、绿两色。安茂成当时就感到奇怪：不过节不过年的，首长这是干什么？何不白天让黎传干呢？但兴宝阿姨见到他后，叮嘱他不要多声张，他自是遵命。

寓所的工作人员都知道，宋庆龄也有她的忌讳。

也许她忌讳自己年龄的一岁岁增长，又也许为了不让别人为她兴师动众地举办什么祝寿活动，她从不把自己的生日告诉任何人，就连对身边最贴身的周和康与安茂成也保密。

1963年1月11日早晨7时30分，周和康刚从四川中路的特种食品供应站购买食品回寓所，保姆钟兴宝就下楼对他说：“周同志，首长正等候在客厅里，等你去谈话呢。”

周和康立即进入客厅，但见宋庆龄已端坐在藤木扶手的沙发上看报纸。周和康照例上前向她说了一声“首长，早上好”。宋庆龄就笑着用英语回答了一句“Good morning”（早上好），并示

意他坐下。然后她接着说道："周同志，据说最近北京有人要来上海给我做生日，我是最反对这样的事的。若不是脚痛得厉害（膝关节痛），早已跑到其他地方去了。请侬把这些意见转告张秘书长（张苏平）。"接着，她又语重心长地对周和康说道："我从不宣布我的生日和年龄，忘掉它，使一个人能更好地工作。年龄对于人的工作、活动是没有关系的。"

直到1980年10月31日，宋庆龄居住在北京的时候，她还特地给周和康写信，郑重其事地写道："周同志，外边谣传我已90岁了，但这不是真的。他们都想给我做生日。如果你听到这个消息，请代我辟谣为感。"

北京寓所的安茂成师傅，也亲自经历过类似的事。

那是1969年的一天，夜幕降临了，他正准备下班的时候，忽然看见厨房里的灯光还亮着呢，他感到奇怪，近前推门一看，只见宋庆龄与钟兴宝两个人正在灶台前忙碌着，把一篮子煮熟了的鸭蛋分别染成红、绿两色。安茂成当时就感到奇怪：不过节不过年的，首长这是干什么？何不白天让黎传干呢？但兴宝阿姨见到他后，叮嘱他不要多声张，他自是遵命。

第二天中午，厨房传出话来：今天首长请大家吃大肉面与鸭蛋。因为安茂成是回族人，细心的宋庆龄还特意让黎传单独为他做了一碗牛肉面。下班时，黎传还根据首长的指示，给寓所每位工作人员分了鸭蛋与面包。安茂成分到三个染成红绿颜色的鸭蛋和两个面包。

直到这时，安茂成才似乎悟出了些许什么，感到好像那天是宋庆龄的生日。但他严守着纪律始终没有问。此事直到

宋庆龄逝世后，安茂成他们才如梦方醒，知道了首长的确切生辰日期。

其实，说宋庆龄视自己的生日为忌讳，也并不一定确切，因为她一向反对任何单位任何人因为她的生日而兴师动众、大操大办，从而影响了大家的生活与工作的正常秩序，也给政府和人民带来不必要的花费。

宋庆龄的另一个忌讳，还可以从她绝不允许任何男性轻易进她卧室的规矩中得到印证。

自从1963年春季，宋庆龄搬进北京后海北沿的新寓所后，她的浑身疼痛的旧病总是复发不止。从中央保健工作委员会挑选到宋庆龄身边、担任她的专职保健医生的力伯畏，天天带磁卡和一位护士来到北京寓所，为宋庆龄做按摩，以缓解疼痛。后来，有人给宋庆龄介绍了一位名叫杨青山的男性按摩大夫。当时山西的一些高级干部都接受过杨大夫的按摩，都感到疗效不错。杨青山大夫是山西人，他做治疗很认真，也不惜力气，通常为患者做完按摩时，他自己已是一身大汗淋漓。但由于杨青山是位男大夫，所以他给宋庆龄做按摩时，旁边总得有位女大夫陪着。

其实，宋庆龄在上海与北京两地的寓所楼上，除了李燕娥外，一般人也都不能上去。她的卧室更是外人绝对进不了的，包括保姆钟兴宝。

1980年冬天，宋庆龄病重的时候，力伯畏很想在夜间上楼进入宋庆龄的卧室，听听动静，观察病情的发展。她想：首长在楼上，我在楼下，这样怎么行呢？万一发生了什么问题，我不在跟前根本发现不了，也不能及时治疗，这要真出了事，这个责任可承担不起。于是，她问钟兴宝：“你怎么看着首长呢？这样，我总是不放心呀！”

钟兴宝也左右为难，她实话实说地回答道：“我平时住在太太卧室旁边的小房间里，太太也不让进她的卧室，所以这次手术后，我想偷偷地爬进太太的卧室里听听她的动静。”

力伯畏一听正中下怀：“那我就和你一起爬进去听听。”

就这样，两位忠诚的女性，偷偷地爬上楼，爬进了宋庆龄的卧室里。她们就藏在小书架和小橱柜的后面，在铺着地毯的地板上躺了一夜。因为在宋庆龄的床脚边，有一个小书架和一个小橱柜，正好能挡住床上人躺着的视线。

一夜无事。第二天天快亮的时候，她俩又悄悄地爬出卧室。临离开时，力伯畏叮嘱钟兴宝：“你可千万不要跟太太说我夜里进了她的卧室呀！”

可是，后来忠实的钟兴宝大概还是把这件事告诉了宋庆龄。一次，力伯畏和宋庆龄单独在一起的时候，宋庆龄突然对力伯畏说道：“真不好意思，让你那样照顾我……”宋庆龄当时还说了些什么话，但原话力伯畏记不全也记不清了。

1970 年 1 月 25 日，宋庆龄在致廖梦醒的复函中提到这样一句话：“我从没见过隋学芳，虽然他来过几次，因为我不能忍受目睹一个年轻人成了离不开双拐的残疾者。”

当然，忌讳与敏感也是宋庆龄狠心回避她早年的这个警卫秘书的一个原因。

这个隋学芳，就是继第一任卫士长靳山旺之后的第一任警卫秘书。当年，才三十多岁的隋学芳因平时喜欢酗酒，导致中风，瘫倒在床。而他那个被上海人骂作“十三点”的妻子，居然把外面恶意中伤、诽谤诬蔑宋庆龄、胡说她丈夫与宋庆龄有私情的谣言信以为真，来到上海寓所大吵大闹，致使宋庆龄气得胃都一连痛了好几天。

宋庆龄一向是江青的眼中钉与肉中刺，欲除之而后快。所以江青眼见在政治上扳不倒宋庆龄时，就亮出了她那泼妇骂街的伎俩，无中生有地从宋庆龄的私生活入手，造谣诽谤宋庆龄。

面对这种无耻的行径，宋庆龄自是不能容忍的。

1977 年 4 月 25 日，宋庆龄在致爱泼斯坦的复函中，驳斥了江青等人的这种无耻谰言：“有一位新闻记者告诉我……江青和她那帮人散布了有关他（指陈毅元帅）的一些卑鄙的谣言，其中有一条是同我有关的。据说，有几个以前当过陈毅秘书及身边工作人员的人宣称，陈毅常常一个人到我家里来看我（看来拜访一个朋友也是一桩罪过！），意思是我们之间有过什么爱情关系！”“我从来没有在家里接见过陈毅，只有一次他同柯老（指柯庆施）一同来我家，因为有一位新四军军官曾来要求我把我的房子腾空，他们要用，如下午四时前不腾，他会派兵士来搬走我的东西——他们是来为这事向我道歉的。那时我听了那个军官的话，就请一个朋友去向柯老申诉，柯老同陈毅商量后就一道来道歉。陈毅第二次来看望我是同他的夫人一道来饮茶。陈毅之所以‘对我们深怀感激之情’，是因为在香港时，我编印了《保卫中国同盟新闻通讯》，发表了许多文章，宣传抗日根据地真相，揭露国

民党谣言。由于这些强有力的支援宣传传到了各国，他们开始收到了捐赠给新四军的药品和现款。因此陈毅说，我们给他们的工作上以莫大激励。”

18. 最后的歌

听得廖公下令，安茂成才把党旗扯开，与北京医院的顾承敏大夫与另一名护士长一起，展开党旗，合作着把党旗庄严地、慢慢地盖在了宋庆龄的身上。安茂成至今仍清楚地记得，当时，他手扯党旗的上两角，顾大夫与吴护士长则分别捏着党旗的下面两角，是三人一起把党旗小心翼翼地盖在宋庆龄的遗体上的。

1981 年 3 月 3 日，因病重而再也不能起床的宋庆龄，还趁体温稍退的时候，在兴宝与阿金的扶抱下，坚持着从病床上坐起来，用颤抖的手握住笔，给上海的周和康写了一封回信：

周同志：

多谢你 27 日的来信，我原来要给你信，但荨麻症（疹）加重了，手发斗（抖）不能写字。后请了许多中外医生看了，打针吃药后好些了。但仍旧不能多执笔，因此请原凉（谅）。我知道你自己听到李姐过死（世）的消息，一定很难过的！

原来，我想完全交给你去处理她安葬的事比较好。

但是我不能下楼参加意见，因此事情变了。我很爱护李姐，但希望不给人知就好，因会（为）我不要人借音头（沪方言：找茬的意思）时常到虹桥路——特别我不要李园知导（道）地方，以后带外人去。李园有信给我要到李姐墓前献上一束鲜花，这都是假事！李姐告诉我，李园一点不肯帮她洗脚等，因李姐有病不能自己洗脚！这都是李园的本性。不给她家知李姐的骨灰埋在那里是最好！

多谢你老刘同志等帮她搬出我家！有关房屋要改名的事，请你用我的名（宋庆龄），因为我过了五月就想回家退休。这事无别人知。因会（为）同志们都希望我住在北京，但我的身体十分不好，不能住在这里（北京）。

请千万不（要）对人说！本想早些回来，但加拿大的大学要派一班人在五月里来北京送给我博士"衲"（?）我不能退掉！

我当你是我自己亲人，因此告诉你。请看完信即烧掉！千万不给人看也不讲这些事给人知。

祝你和同志们都好！

林泰

家内的费用，请直接告诉我好了。

81－3－3

宋庆龄在写给周和康的这最后一封信中，在少数句子下面还

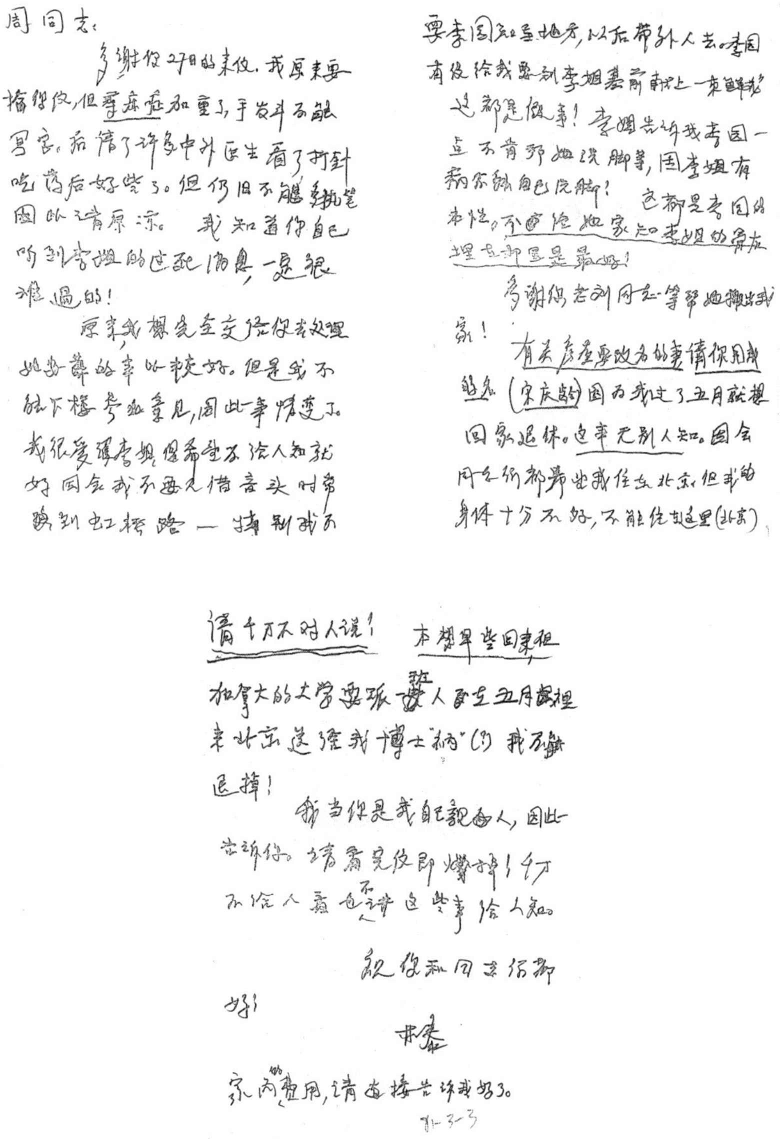

周同志：

多谢你27日的来信。我原来要搀扶你，但关节炎加重了，手发抖不能写字。后请了许多中外医生看了打针吃药后好些了。但仍旧不能多执笔，因此请原谅。我知道你自己听到李姐的逝世消息，一定很难过的！

原来我想完全交给你去处理她安葬的事比较好。但是我不能下楼参加乘凡，因此事情变了。我很爱护李姐，但希望不给人知就好，因为我不要人借音头时常跑到虹桥路——特别我不要李同知道地方，以后带外人去。李同有没给我要到李姐墓前献上一束鲜花？这都是假事！李姐告诉我李同一点不肯帮她洗脚等，因李姐有病不能自己洗脚！这都是李同的本性。不该给她家知李姐的骨灰埋在哪里是最好！

多谢你和老刘同志等帮她搬出我家！

有关房屋要改名的事请你用我的签名（宋庆龄）因为我过了五月就想回家退休。这事无别人知。因为会同志们都要我住在北京但我的身体十分不好，不能住在这里（北京）。

请千万不对人说！ 本想早些回来想

加拿大的大学要派一班人要在五月里想来北京送给我博士“称”（号）我不能退掉！

我当你是我自己的亲人，因此告诉你。请看完後即烧掉！千万不给人看也不讲这些事给人知。

祝你和同志们都好！

林泰

家内的费用，请直接告诉我好了。

81-3-3

1981年3月3日，宋庆龄写给周和康的最后一封亲笔信

划上重重的黑线，以示特别提示。同时，在信中她写了几个错别字。可见时年88岁已处于弥留之际的她，已难以把握汉字运用得正确与否了。但读者可以清晰地从字里行间读到一个伟大的国母对一个普通管理人员亲密无间的感情！读到她对周和康高度信任的程度！

这是宋庆龄写给在她身边的管理人员的最后一封亲笔信。

就在这段令人伤心的日子里，宋庆龄也没忘了安茂成。一天，兴宝阿姨下得楼来，把一包东西交给安茂成："小安，这是太太关照给你的，里面是一包从外国寄来的花籽，叫你种在家里。还有这张纸条，上面有太太想对你讲的话。"

纸条上是宋庆龄亲笔写下的几句英文字母。

安茂成不识英文，就向张珏秘书请教。张珏读了纸条后，给安茂成作了翻译，她告诉安茂成说："这是首长送给你的一包名叫'毋忘我'的花籽，她嘱你种在花圃里。首长还说了，她要你不要忘了她，就是以后她走了后，也要你像她活着一样，对待她生前所有的亲朋好友，继续为他们送花换花。"

面对宋庆龄这几近遗嘱的指示，安茂成当时只会哽咽着直点头。

1981年5月22日，也就是宋庆龄在寓所中特别安排了一次宴会、专门酬谢精心护理她的医护人员的第二天，宋庆龄从昏迷中醒来，睁开眼，一看到满屋的医护人员与床头的医疗器械，就知道事情不好了。她无奈地摇摇头，用微弱的声音叹息道："不好了，不好了，看来，我真的不好了。"在她说这些话时，身边

的医护人员明显地发现，此时此刻，她那总是苍白的脸上，泛起了一层红晕。大家面面相觑：这是人的生命即将结束前的令人可怕的回光返照呀！

“小安呢？我怎么听不到小安的歌声了呢？看来，我是真的不行了，真的不行了。我想听小安唱歌，想听小安唱歌呢！”宋庆龄在病床上喃喃自语着，还用手轻轻拍打着床沿。

一边的钟兴宝见状，连忙奔出卧室，在楼下找到安茂成：“小安，太太想听你唱歌呀，你快去吧！”

这时候的安茂成已顾不了那么多，他随手抱起一盆首长平时最喜欢的大红的月季花，蹑手蹑脚地上了楼，来到宋庆龄的病床前：“首长您好点了吗？”

这就是安茂成在宋庆龄生前第四次走进她卧室的那一次。

宋庆龄望着鲜艳的月季花，眼睛顿时一亮，脸上浮起了久违的笑容，她点点头，费劲地说了声：“谢谢、谢谢。”

宋庆龄见小安头上冒着热汗，还侧脸对一边的兴宝阿姨微弱地说道：“快……请小安……吃冰激凌……”

安茂成哪有心思吃冰激凌呀，忙谢绝道：“首长，我不吃，谢谢您。”

“怎么……最近没、没听见你、你唱……唱歌呀？”

安茂成鼻子一酸，连忙点点头，放下花盆，走出了卧室。卧室门外，站着正抹着眼泪的钟兴宝与顾金凤。安茂成望着她俩，感到左右为难：首长要听我唱歌，唱吧，怕影响首长的休息；不唱吧，首长会因此怀疑自己的病情重，所以我没心思唱歌。这可怎么办才好呢？

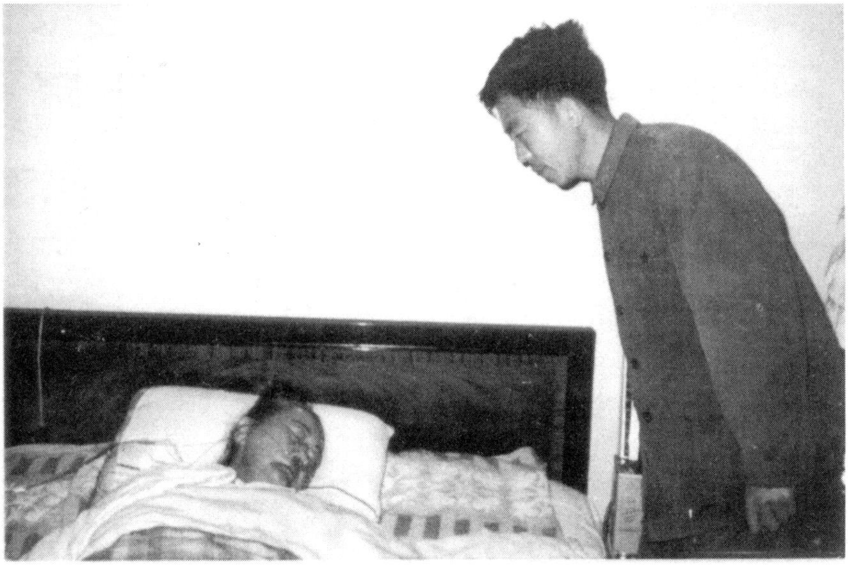

1981 年 5 月 28 日，安茂成肃立在弥留之际的宋庆龄病床前

安茂成心情沉重地走下楼，站在通往楼上宋庆龄卧室的楼梯口，久久地、深情地凝望着宋庆龄的卧室门，却怎么也开不了口，唱不出声。一阵阵袭来的悲伤，使他喉头哽咽，视线模糊，他哪还有什么心思和力气唱歌呀！

这时，机关事务管理局副局长汪志敏与秘书张珏下楼来了，他们沉重地来到安茂成的面前，鼓励他说："小安，你就唱吧，唱吧。"

安茂成这才强抑着心头的悲伤，站在通往楼上卧室的楼梯口，轻声唱起了宋庆龄平时喜欢听的歌曲：

高楼万丈平地起，
盘龙卧虎高山顶，
边区的太阳红又红，
咱们的领袖毛泽东。

山川万里气象新，
五谷生长绿茵茵，
来了咱们的毛主席，
挖掉了苦根翻了身……

楼上卧室里的宋庆龄听到安茂成的歌声，脸上露出了吃力的笑容。同时，她还打手势让身边的医护人员不要说话，让她把楼下传来的歌声听得更清楚些。

顾金凤马上赶到楼下，含着眼泪对小安说："大一点声，首

长在认真听你唱呢。”

一阵阵继续袭来的悲痛，使安茂成的鼻腔里酸酸的，眼泪夺眶而出，但他还是强忍着提高嗓音，又哽咽着唱了几首歌：

送君送到大路旁，
君的恩情永不忘，
农友乡亲心里亮，
隔山隔水永不忘。

送君送到大树下，
心里几多知心话，
出生入死闹革命，
枪林弹雨把敌杀……

令人称奇的是，听了安茂成的歌声后，宋庆龄的精神似乎又好了不少，她一边微笑着轻轻说着“我又听到小安唱歌了，看来，我的病快好了”，一边竟然提出了想吃饺子的要求。

厨师黎传接令后，连忙为宋庆龄煮了8只她平时最喜欢吃的荠菜馅饺子。交给顾金凤端上去后喂给她吃。

谁也没有想到，宋庆龄居然吃了三只饺子呢！

宋庆龄吃了这三只饺子后，就再也没有睁开眼睛，没有说过一句话。

1981年5月29日晚20时18分，宋庆龄因病医治无效，与

世长辞。她是在平和、安祥中走的。

当晚，宋庆龄的遗体就移送到了楼下的小客厅里，设立了临时的灵堂。

晚上10时多，众多中央首长闻讯赶到寓所，瞻仰宋庆龄副主席的遗容。

安茂成亲眼目睹了一幕幕令人伤心落泪的场景——

邓小平夫妇含着眼泪来了，他含着眼泪先在门外戴好黑臂纱，然后才与其他党和国家领导人一起心情沉重地走进小客厅；王光美来了，她哭得最伤心，几乎是靠着墙壁才走进小客厅里的。

许德珩一进门就哭了，他一边哭着，还一边重重地跺着脚……

5月30日，宋庆龄的遗体送到北京医院进行解剖，然后送到了人民大会堂的吊唁厅。

5月31日上午，邓小平来到人民大会堂吊唁大厅，瞻仰宋庆龄遗容。

6月3日，宋庆龄同志追悼会在人民大会堂举行。邓小平致悼词，他在悼词中回顾了宋庆龄光辉伟大的一生，高度评价了宋庆龄对中国革命和建设、对祖国统一大业所作出的杰出贡献。

6月4日，邓小平、李先念、彭真等党和国家领导人，到机场为宋庆龄送灵。

在追悼会开始之前，钟兴宝、顾金凤她们一起参加了为宋庆龄整理遗容的工作。

兴宝阿姨与金凤阿姨细心地、最后一次地为她们的太太描画了眉毛，整理了面容。

这时，安茂成发现宋庆龄的嘴巴仍半张着，就拿来一块毛巾，垫在她的脖子与下巴之间，使她的嘴巴得以合拢，不再张开。同时，他又把白色的床单拉上，巧妙地遮掩住了毛巾。

安茂成负责了整个吊唁厅里鲜花盆景的摆放。他特意多挑选了一些宋庆龄生前所喜爱的黄色的康乃馨，摆放在宋庆龄遗体的周围。滴滴痛心的眼泪，洒落在鲜花上。

他知道，这是自己最后一次为最最亲爱的首长摆花了。

等待一切布置完毕，安茂成指着那面早就准备下的党旗，向廖承志问道：“廖公，要把它盖上吗?”

廖承志点点头：“盖上吧。”

听得廖公下令，安茂成才把党旗扯开，与北京医院的顾承敏大夫和另一名护士长一起，展开党旗，合作着把党旗庄严地、慢慢地盖在了宋庆龄的身上。安茂成至今仍清楚地记得，当时，他手扯党旗的上两角，顾大夫与吴护士长则分别捏着党旗的下面两角，是三人一起把党旗小心翼翼地盖在宋庆龄的遗体上的。

然而，有一件事，却使安茂成至今仍想不通。

6月3日，在三天隆重的吊唁仪式后，宋庆龄的遗体由廖承志、宋任穷、杨尚昆、杨静仁、康克清等和宋庆龄的亲属孙穗英、孙穗华、戴成功等护送，从人民大会堂移往八宝山革命公墓火化。

司机刘凤山驾驶着宋庆龄的红旗牌轿车，在前面开路。以往他出车，敬爱的首长总坐在后座上，与他拉着家常话。而今人去车空，他敬爱的首长一个人躺在后面的灵车上，再也不能坐由他驾驶的这辆红旗牌轿车了！而自己的历史使命，也就此结束了！

想到这里，刘凤山心酸不止，视线模糊，热泪滚滚而下。他情不自禁地回想起了宋庆龄平时对他的照顾与爱护。

每次外出归来时，宋庆龄总要拿出水果、点心招待他。

平时，尽管宋庆龄自己生活很俭朴，但每逢“六一”儿童节和春节来临之际，她都要把刘凤山和身边其他工作人员的子女接到北京寓所里，拿出许多许多好吃的食品给他们吃。

当宋庆龄看到刘凤山生活并不富裕，她就用自己的钱买布料，给他做工作服，并帮助他的女儿解决了工作问题。特别使刘凤山难忘的是“文革”浩劫中，宋庆龄给予他的关心和保护……

车内的其他工作人员也都是泪流满面……

那么，此时此刻的安茂成呢？这位从没因私人事情麻烦过宋庆龄一次的勤奋忠诚的安茂成又在哪里呢？他坐在哪辆送行的客车上呢？

此时此刻，他正抱着小儿子，站在复兴门附近的楼上，与所有为宋庆龄送行的人民群众一起，眼巴巴、泪汪汪地等着首长的灵车开过来呢！他的身边，依偎着妻子、女儿与自己的父母亲。

他居然连为自己敬爱的宋庆龄首长最后送行也没资格！难道就因为他是一个普通平凡的绿化工？

尽管他曾向领导作过口头申请，但无奈人家采取了不理不睬的态度，致使他不得不采取这样的方式，拖家带口地站在这寒风习习的暮色中，为亲爱的宋庆龄祖母送行！

当宋庆龄的灵车在红旗轿车的前引下缓缓驶过复兴门时，安茂成再也忍不住心中翻江倒海的悲伤，涕泗滂沱，哽咽不能自已，他把脸埋在怀中儿子的身上，以致泪水濡湿了儿子的棉衣……

敬爱的首长，亲爱的宋庆龄祖母，您一路走好！

下午6时30分，人民大会堂里传出的哀乐声在长安街上空回荡。行驶的公共汽车、自行车就地停了下来，行人默默地聚集在大道的两旁，刚下班的职工们，刚放学的少年儿童们，抱着幼儿的母亲们，由儿孙搀扶的老人们，一个个满怀哀痛，凝视着缓缓驶过的灵车。由近百万人自动组成的人墙，从人民大会堂一直延伸到20多里外的八宝山。由于沿途群众太多，护送灵车的车队不得不以缓慢的速度行驶。当灵车驶至八宝山时，已是傍晚7时40分。

事后，国务院机关事务管理局的一位同志诧异地问安茂成："小安，那天为宋庆龄副主席送行，你怎么没有来？我们可等了你一个多小时呢！"

既为了面子又为了不把事态扩大化的安茂成，只好含糊其辞地说："是因为工作太忙离不开……"

1981年4月2日，清明节前，由李家炽主持，为李燕娥大姐在上海万国公墓宋氏墓地举行了简朴的安葬仪式。宋庆龄送了花圈。上海市人民政府秘书长张更生以及管理员周和康、厨师唐江、司机刘春生、绿化工沈根林等宋宅的工作人员参加了安葬仪式。以前和李燕娥生前一起工作过的老同志也前来送葬。《文汇报》的记者拍了照片。事后，李家炽写了份书面汇报，连同安葬仪式的现场照片一起寄给了在北京的宋庆龄。宋庆龄很快就回了

信，表示满意，并要李家炽转报中共上海市委领导陈国栋、胡立教、汪道涵致谢。

但是谁又能想到事隔不到两个月，宋庆龄就会与她亲爱的女管家长眠在一起了呢?

1981 年 6 月 4 日，宋庆龄的国葬典礼在上海隆重举行，上海全市下半旗志哀，停止一切娱乐活动。

是日早晨，在北京。宋庆龄的遗像和覆盖着中国共产党党旗的骨灰盒，由中国人民解放军礼兵护送到北京机场，邓颖超、乌兰夫、廖承志、陈慕华等乘专机与专程前来北京迎灵的胡立教、赵祖康等上海党政领导一起，护送宋庆龄的骨灰盒回上海。到机场送行的有邓小平、李先念、彭真、胡耀邦、王震等 20 多位党和国家领导人。

上午 8 时 30 分，专机抵达上海虹桥机场。宋庆龄的灵车在迎灵队的护送下，缓缓驶向西郊万国公墓宋氏墓地。

上午 9 时 50 分，葬礼开始……

宋庆龄生前的上海寓所管理人员周和康等，含泪出席了葬礼。

宋庆龄的骨灰盒安然入葬后，邓颖超等所有出席葬礼的领导与宋庆龄的亲友，把一朵朵宋庆龄生前喜欢的黄色香石竹花轻轻地放在她的墓地上。

敬爱的宋庆龄副主席永远地离开了大家，但上海、北京两地寓所的管理人员仍继续在为他们所热爱的首长努力服务着。

宋庆龄逝世后，周和康于 1981 年 7 月参加了宋庆龄上海寓

所的清理工作。为执行宋庆龄遗嘱中的内容，清理工作根据当时中央“八人小组”的决定，分北京与上海两地进行。关于“八人小组”，中央领导胡耀邦同志有一个批示，邓颖超大姐起草了一个意见。上海的清理小组由李家炽主持，组员为周和康、孙志远和上海市委行政处的张媚媚同志。清理工作于 8 月结束。

1985 年，周和康调至上海孙中山故居纪念馆，任接待科科长，1987 年退休。

1996 年年底，周和康向上海孙中山故居纪念馆无偿捐献出两件珍贵的文物。1997 年 1 月 2 日 上海的《劳动报》以《始祖中山装，今日回“娘家”》为题，报道了这一新闻：

“由宋庆龄于 1969 年赠送给身边工作人员的礼物——孙中山先生生前穿过的两件中山装，由收藏人周和康无偿捐献给上海孙中山故居纪念馆。纪念馆尊重捐献人的意愿，日前向周和康先生颁发了收藏证书。

“这两件中山装呈淡米色，面料为棉麻布，与定型的中山装略有不同的是领子为单层立领，三个口袋为贴袋。据孙中山故居纪念馆馆长黄步洲介绍，目前纪念馆藏孙中山的中山装也有两件，其中一件与周和康先生捐赠的一模一样。

“这两件珍贵文物忠实地记录着一段不寻常的经历。1956 年初，由组织安排，周和康在淮海中路 1843 号宋庆龄寓所担任管理员，从事住宅生活管理工作。据 周 先生回忆，与宋庆龄首长相处最难忘最有意义的是，为宋庆龄的保姆李燕娥写给宋庆龄的信执笔。李燕娥识字不多，首长去北京后与在上海的李燕娥常有书信往返，其复信都是由他拟好草稿，读给李听，再根据她的意

1981年6月，周和康（右一）及部分工作人员合影于宋庆龄上海寓所

见进行修改补充，最后由李燕娥签名、封口，邮寄给首长的。为此，宋庆龄给予了周和康很大的信任。

“1969 年，风雨如晦，宋庆龄从北京到上海淮海中路寓所小住，就把这两件中山装送给周和康，并深情地说：‘这两件中山装是先生生前穿过的，现在留给你作个纪念。’

“20 多年来，周和康小心翼翼地珍藏着这两件特殊的礼物，保证了衣服的完好无损，也没向外界透露过。如今，捐献给上海孙中山故居纪念馆，实现了老人晚年来一直萦绕在心头的愿望。”

在这篇新闻的下面，配发了当时孙中山故居纪念馆馆长黄步洲与捐赠人周和康先生在交接捐献物时的照片，配发了周和康所捐献的那两件中山装的照片。

1984 年春天，中央电视台记者来到宋庆龄生前的北京寓所，故居纪念馆把原来在宋庆龄身边工作的管理人员、工作人员召集到一起，准备拍摄一部纪录片。正当记者把话筒凑到黎传的嘴边，请他说几句的时候，突然意想不到事情发生了：但见黎传嘴巴张开，两眼圆睁，双眸入定，一句话也说不上来了。当时，一边的刘凤山还和他开玩笑说：“瞧这老家伙，今天中央电视台为你录像，你倒拿起架子来了。”

但一边的安茂成却从黎传异样的神态与紫涨的面色中感到大事不妙，他知道黎传有心脏病，这次这样子绝不像是开玩笑。所以他一边对刘凤山说：“别开玩笑了，这样子还像开玩笑?!”一边迅速拉开黎传的上衣胸前口袋，从里面抓出一只放有保心丸的葫芦形的小药瓶，从里面倒出几粒药丸就往黎传张开的嘴巴里送。但一切都已迟了：黎传大睁着两眼，连出的气也没有了。等

到把他急送到医院，他早已停止了呼吸。

就在这一年，与黎传同岁的、时年73岁的刘凤山因患肺癌，自知将不久于人世。在他病危的时候，他指名把安茂成找去，眼泪汪汪地对安茂成说："小安子，我死后，一切后事由你来办理。因为我只相信你。还有，我想趁自己现在还有口气，想吃猪头、猪蹄与猪尾巴，你能帮我办吗?"

安茂成含着眼泪接受了老同事、老朋友的最后请求，并于当天就迅速去市场买来了一只特大的猪头与四只猪蹄、六条猪尾巴，然后又迅速在家煮熟后，让张昕立即给躺在医院里的刘凤山送去。令人遗憾的是，刘凤山对每样只各吃了一口后，就再也吃不下去了。当夜，刘凤山就不行了，躺在病床上，只有出的气，没有进的气。

当安茂成闻悉噩耗紧追慢赶来到北京医院时，刘凤山已带着满意的微笑，永远离开了人世。

刘凤山火化那天，安茂成根据他的遗嘱，主持了他的全部后事。在把刘凤山的遗体往火炉中推的那一刻，安茂成伫立在老同事的遗体前，用手拍着他的脑袋，泪水纵横地哽咽道："老家伙哎，你先走一步吧，将来我一定会去找你的。"然后，他一狠心，在刘凤山留下的三个孩子痛心疾首的跺脚与痛哭声中，向一边的司炉工一声喝："往里推吧!"

大约在宋庆龄逝世的半年后，一天，秘书张珏来到故居纪念馆，专程找到时任故居纪念馆副主任的安茂成，神情肃穆地问道："小安，你还记得那次我对你说的话吗?"

张珏（右一）、顾金凤（右二）、周和康（中穿白衬衫者）、沈根林（左一）等在宋庆龄身边工作过的工作人员合影。

2007 年，王光美在寓所中接见安茂成

“记得记得，你当时说过，这事要在首长百年之后才能告诉我的。”

“现在我可以告诉你了。”张珏红着眼圈慢慢地说道，“那是1973年1月中旬你祖母病重期间，首长曾派杜秘书去探望了你祖母后的当天夜晚。这天半夜两点左右，有人敲我房门。我感到很诧异。因为住在楼上的只有我和首长两个人，除了首长，再没有第二人。我闻声开门一看，果然是首长。首长神色严肃地对我说：‘张珏，我刚才做了个梦，梦见小安的祖母到后海来找我了。她对我说：‘我的孙子在您身边工作，请您像祖母一样照看他，拜托您了。谢谢！这件事，你先不要告诉小安，等我百年之后再告诉他。’”

不等听完张珏的回忆，安茂成已再也忍不住，呜咽了起来。

2007年春季里的一天，安茂成突然接到王光美办公室打来的电话，告诉他说：王光美妈妈想见见他。安茂成知道，王光美妈妈平时轻易不接见他人，就连某些当时在位的领导也不能进入她的家门。所以安茂成放下电话后，随即拿起一本他正在阅读的《罗叔章传》，紧追慢赶来到王光美妈妈的家里。但见王光美妈妈已经病重，鼻子里插着氧气管，虚弱地坐在会客厅的沙发上。见到安茂成进屋，她连忙招手示意安茂成坐到她身边。

在亲切的交谈中，安茂成把《罗叔章传》中的一段有关刘少奇副主席的文字指给了王光美妈妈看。这段文字记录了在“文化大革命”最狂热的时候，宋庆龄对“打倒刘少奇”一事表示大为不解的原话：“刘少奇有什么错，要打倒？真怪！”王光美妈妈读了这段文字后，当场流下了感动的眼泪。她表扬安茂成说：

“小安，你真细心，读得真细心。”

就在这最后一次的会面时，王光美妈妈再次赞许地告诉安茂成说：“小安，我都知道的，在家里（指宋庆龄北京寓所），就你一个人从没闹出过什么闲话来。”

这最后一次接见中，安茂成与王光美妈妈一共合了七次影。当他临走时提出还想和她合一张影的时候，王光美妈妈仍然宽宏地答应了：“照吧，照吧，多照几张吧。”

给廖承志一家、乌兰夫一家同样留下很好印象的安茂成，在廖公与他的夫人经普椿、乌兰夫先后病重、离开人世的时候，他也曾先后去探望过他们。至今，安茂成还珍藏着乌兰夫当年赠送给他的一瓶上乘的好酒呢！

后 记

2006 年春天，我开始采写《宋庆龄与她的生活侍从》，并在上海宋庆龄故居纪念馆领导的介绍下，慕名登门拜访，先来到离我家最近的上海城，在上海市徐汇区天钥桥南路的周和康师傅的寓所，见到了周和康师傅。

因有了我前三本《宋庆龄与她的三个女佣》、《宋庆龄与她的卫士长》与《宋庆龄与她的秘书们》的垫底，再加上海故居的支持，所以我当即得到了周和康夫妇的大力支持。他们不但毫无保留地向我敞开了心扉，还向我提供了大量的手稿与珍贵的照片，为我的这本书奠定了扎实的基础。

当年夏天，我利用休假，为撰写这本新作，第二次前往北京后海宋庆龄故居，见到了何大章主任。何主任向我介绍了安茂成师傅的家庭住址与电话。

令人遗憾的是，不知怎么回事，安茂成师傅不能接见我。

回到苏州家里后，没有绝望的我通过书信，向安茂成师傅去了两封信，再次诚恳地提出了我的要求，盼望得到他的支持与帮助。

2008 年 1 月 6 日傍晚，我忽然接到了安茂成师傅从北京打来的电话，邀我去北京采访。9 日我就携妻子一起乘坐快车，直达北京，找到了位于北京市朝阳区团结湖的安师傅家，见到了安师傅。

这套简朴的住宅，是原国家主席刘少奇的大女儿刘爱琴的住宅，后由国务院机关事务管理局分配给了安茂成一家居住，直到如今。

原来，安师傅已被病魔纠缠了近两年：2006 年，他两耳软组织里长了两颗肿瘤，痛得他整日坐卧不宁，甚至在深夜里还不得不下楼来到大街上溜达；2007 年夏天，就在作者前去采访他的时候，他正准备接受医院的手术呢。

这是一次令人惊心动魄的手术，主刀医生为安茂成整整做了四个小时，眼看手术全部完成了，安茂成还没醒来。医生说，如果再过 25 分钟病人还不醒来，就有生命危险了。也是好人有好报，就在安师傅一家为之心焦如焚的时候，安茂成师傅摆脱了死神的纠缠，醒来了。

现在，经过手术，安茂成的病情刚有所好转，就主动向作者发出了邀请，接受我的采访了。

采访时，安师傅还戴着助听器。但他掏心剖肺地向我倾吐着他最敬爱的宋庆龄首长生前留给他的一个个故事，表达着他对敬爱的首长的一片赤诚无私的爱。宋庆龄与安茂成及他一家之间深厚亲密的感情，深深打动了作者，好几次，我都情不自禁被感动得热泪盈眶。

在我采访结束的时候，安茂成师傅还无私地向我提供了不少珍贵的照片与手迹。

就这样，在两位老人的无私支持下，我终于完成了这套丛书

作者与周和康夫妇合影于周家

2008年1月10日，作者与安茂成、杨翠玲夫妇合影于安家

中的最后一本；终于把几十年来在北京、上海两地寓所中在宋庆龄身边工作过的所有工作人员与管理人员，基本上全都囊括进了四本系列丛书中；也终于基本还原了一个有血有肉、有情有义的宋庆龄的光辉形象；还原了当时曾在宋庆龄身边工作过的女佣、卫士长、管理人员、绿化工、司机、厨师等人的真实工作情况。

抢救、挖掘、搜集、整理、撰写是项艰苦的劳动，我得争分夺秒地与时间赛跑，与生命赛跑。何况我还是一个纯粹业余的作者。但我想我还是值得的，因为我同时不但了却了我的一个夙愿，更为历史、为国家、为后人留下了一笔宝贵的财产。

在此，我还要特别感谢帮助支持我完成这本书的周和康的爱人李秀菊，感谢安茂成的爱人杨翠玲与他们的儿子安涛。若没有他们的理解与支持，这一笔笔极其珍贵的历史财富，很可能永远湮没在历史的谜团中。

但愿我的这套丛书能做到无愧于历史、无愧于国家、无愧于后人，也无愧于自己。

最后，请允许我引用在竖立宋庆龄的雕像时写的一首献给她的颂诗，来作为全文的结尾：

你以美丽、勇敢、坚贞，
为我们的时代增光。
你是艰难险阻中的一盏明灯，
胜利交响中的一部欢快乐章。
你尽管在安乐中生长，
选择的却是斗争道路——

优美，却永远不屈不挠；
温和，却像钢铁般坚强。
你那压制不住的精神力量，
比你的汉白玉雕像还要持久——
纯洁，不知疲倦；
无畏，始终一样。

是为记。

图书在版编目（CIP）数据

宋庆龄与她的生活侍从 / 汤雄著.—北京：群众出版社，2009.9

ISBN 978-7-5014-4558-5

Ⅰ. 宋… Ⅱ.汤… Ⅲ. 宋庆龄（1893~1981）—生平事迹 Ⅳ.K827=7

中国版本图书馆 CIP 数据核字（2009）第 153973 号

宋庆龄与她的生活侍从

著　　者 / 汤　雄
责任编辑 / 王志祯　筱　谢
封面设计 / 王陆闻
责任印制 / 祝燕君

出版发行 / 群众出版社　电话：（010）52173000 转
地　　址 / 北京市丰台区方庄芳星园三区 15 号楼
邮　　编 / 100078
网　　址 / www. qzcbs. com
信　　箱 / qzs@ qzcbs. com
印　　刷 / 北京通天印刷有限责任公司
经　　销 / 新华书店

787 × 1092 毫米　16 开本　15.75 印张　159 千字
2010 年 1 月第 1 版　　2010 年 1 月第 1 次印刷
印数：0001—6000 册

ISBN 978-7-5014-4558-5 / I · 1878　定价：35.00 元